# Viagem ao Brasil

**Dados Internacionais de Catalogação na Publicação (CIP)
(Câmara Brasileira do Livro, SP, Brasil)**

Staden, Hans, 1525-1576
  Viagem ao Brasil / Hans Staden ; tradução de
Alberto Löfgren. – Petrópolis, RJ : Vozes, 2021. –
(Coleção Vozes de Bolso)

  Título original: Warhaftige Historia und
Beschreibung eyner Lantschafft der Wilden Nacketen,
Grimmigen Menschfresser-Leuthen in der Newenwelt
America gelegen
  ISBN 978-65-5713-140-4

  1. América – Narrativas anteriores a 1600  2. Brasil –
Descrição e viagens  3. Indígenas da América do Sul –
Brasil  4. Índios Tupinambá  I. Título. II. Série.

21-62349                                                                  CDD-981

Índices para catálogo sistemático:
1. Brasil : História   981

Cibele Maria Dias – Bibliotecária – CRB-8/9427

# Hans Staden

# Viagem ao Brasil

Tradução de Alberto Löfgren

*Vozes de Bolso*

Tradução realizada a partir do original em alemão intitulado *Warhaftige Historia und Beschreibung eyner Landtschafft der Wilden Nacketen, Grimmigen Menschfresser-Leuthen in der Newenwelt America gelegen*, publicado em 1557, em Marburgo, por Andreas Kolbe.

Esta edição segue a tradução realizada por Alberto Loefgren, revista e anotada por Theodoro Sampaio e publicada no Brasil em 1930, e traz as gravuras da primeira edição de Marburgo.

© desta tradução:
2021, Editora Vozes Ltda.
Rua Frei Luís, 100
25689-900 Petrópolis, RJ
www.vozes.com.br
Brasil

Todos os direitos reservados. Nenhuma parte desta obra poderá ser reproduzida ou transmitida por qualquer forma e/ou quaisquer meios (eletrônico ou mecânico, incluindo fotocópia e gravação) ou arquivada em qualquer sistema ou banco de dados sem permissão escrita da editora.

### CONSELHO EDITORIAL

**Diretor**
Gilberto Gonçalves Garcia

**Editores**
Aline dos Santos Carneiro
Edrian Josué Pasini
Marilac Loraine Oleniki
Welder Lancieri Marchini

**Conselheiros**
Francisco Morás
Ludovico Garmus
Teobaldo Heidemann
Volney J. Berkenbrock

**Secretário executivo**
João Batista Kreuch

*Editoração*: Maria da Conceição B. de Sousa
*Diagramação*: Sheilandre Desenv. Gráfico
*Revisão gráfica*: Nilton Braz da Rocha
*Capa*: Ygor Moretti

ISBN 978-65-5713-140-4

Editado conforme o novo acordo ortográfico.

Este livro foi composto e impresso pela Editora Vozes Ltda.

# Sumário

*Nota preliminar,* 11
Afranio Peixoto

*Prefácio,* 13
Do tradutor

*Dedicatória,* 19
Do autor

*Prefácio,* 23
D. Dryander

**Primeira parte, 33**

I, 35

II – Viagem de Lisboa ao Brasil, 37

III – Assalto dos selvagens de Pernambuco à colônia dos portugueses, 41

IV – Fortificações dos selvagens e como eles combatiam, 42

V – Saída de Pernambuco; encontro com um navio francês; combate, 44

VI – Segunda viagem, de Sevilha ao Brasil, 47

VII – Chegada a Paranaguá, 49

VIII – De Paranaguá à Ilha de Santa Catharina, 51

IX – Chegada à Ilha de Santa Catharina, 53

X – Entre os selvagens da ilha, 56

XI – Chegada da outra nau que havia se desgarrado, 57

XII – Naufrágio em Santo Amaro, 58

XIII – Em São Vicente, 61

XIV – Como está situado São Vicente, 62

XV – São Vicente, Bertioga e Santo Amaro, 63

XVI – Como os portugueses reedificaram São Vicente e fortificaram Santo Amaro, 64

XVII – Em guarda contra os selvagens, 66

XVIII – Hans Staden é aprisionado pelos selvagens, 67

XIX – Os portugueses tentam salvar Hans Staden, 70

XX – A caminho para a aldeia dos selvagens, 72

XXI – Como trataram Hans Staden, 75

XXII – Hans Staden é cedido a um amigo do selvagem que o aprisionou, 77

XXIII – Danças dos selvagens, 79

XXIV – Hans Staden é entregue a Ipperu Wasu, 80

XXV – Por que queriam comer o prisioneiro, 82

XXVI – Um francês, entre os selvagens, aconselha que devorem Hans Staden, 83

XXVII – Hans Staden tem dor de dente, 84

XXVIII – Hans Staden é levado a Konyan-Bebe, 85

XXIX – Os Tuppin Ikins atacam a aldeia onde estava Hans Staden, 89

XXX – Como os chefes se reuniram ao luar, 91

XXXI – Os Tuppin Ikins incendeiam a aldeia de Mambukabe, 92

XXXII – Chega um navio de Bertioga, 93

XXXIII – Os selvagens pedem a Hans Staden que faça com que Deus lhes restitua a saúde, 94

XXXIV – Como Jeppipo Wasu voltou doente, 95

XXXV – Volta o francês que aconselhara aos selvagens que devorassem Hans Staden, 98

XXXVI – Como devoraram um prisioneiro, 101

XXXVII – O que aconteceu depois de terem comido o prisioneiro, 102

XXXVIII – Os portugueses mandam um navio à procura de Hans Staden, 104

XXXIX – Um prisioneiro que caluniava Hans Staden é devorado pelos selvagens, 109

XL – Chega um navio francês, 112

XLI – Os selvagens vão para a guerra, 115

XLII – Como, de volta, trataram os prisioneiros, 119

XLIII – Como dançavam com os inimigos, 122

XLIV – Ainda o navio francês, 124

XLV – Os selvagens devoram o português Jorge Ferreira, 125

XLVI – Um milagre, 126

XLVII – Outro milagre, 128

XLVIII – Os selvagens devoram o português Jeronymo, 129

XLIX – Hans Staden é entregue a Abbati Bossange, 130

L – Novamente o navio francês fez-se à vela, 131

LI – Chega da França o navio "Katharina de Vattauilla", que liberta Hans Staden, 132

LII – Como se chamavam o capitão e o piloto do navio; o que aconteceu antes de partirem; quanto tempo levaram em viagem para a França, 135

LIII – Em Dieppe, 138

*Oração de Hans Staden enquanto esteve prisioneiro*, 140

## Segunda parte, 143

I – Como se fazia a navegação de Portugal para o Rio de Janeiro, 145

II – Como está situado o Brasil, 146

III – Uma grande serra que há no país, 147

IV – Descrição das aldeias dos Tuppin Inbás, 148

V – Como fazem fogo, 151

VI – Como dormem, 151

VII – Como são destros no caçar e pescar com flechas, 152

VIII – Que feição apresenta esta gente, 154

IX – Como os selvagens cortam sem machados, facas nem tesouras, 154

X – Mandioca, frutos, comida, 155

XI – Como cozinham a comida, 157

XII – Que regime e ordem seguem em relação às autoridades e à justiça, 158

XIII – Como fabricam os potes e as vasilhas que usam, 159

XIV – Como fabricam as bebidas e como celebram suas bebedeiras, 160

XV – Qual o enfeite dos homens, como se pintam e quais são os seus nomes, 162

XVI – Quais são os enfeites das mulheres, 165

XVII – Como dão o primeiro nome às crianças, 166

XVIII – Quantas mulheres tem cada um, e como vive com elas, 166

XIX – Como contratam os casamentos, 167

XX – Quais são as suas riquezas, 168

XXI – Qual é a sua maior honra, 168

XXII – Em que creem, 169

XXIII – Como eles tratam as mulheres adivinhas, 171

XXIV – Como navegam nas águas, 172

XXV – Por que devoram o inimigo, 173

XXVI – Como fazem seus planos quando querem guerrear com os inimigos, 174

XXVII – Como se armam para a guerra, 176

XXVIII – Como matam e comem os seus inimigos, e como os tratam, 177

XXIX – Alguns animais, 187

XXX – *Serwoy* (gambá), 188

XXXI – Tigres (onças), 189

XXXII – Atton (bicho-de-pé), 189

XXXIII – Morcegos, 190

XXXIV – Abelhas, 191

XXXV – Pássaros, 191

XXXVI – Algumas árvores, 192

XXXVII – Algodão, pimenta e raízes comestíveis, 192

*Discurso final*, 193

*Notas*, 197

# Nota preliminar

O livro de Hans Staden é um dos clássicos de nossa literatura histórica. Cumpria dele ter uma versão fiel e completa, dotada de aparelho crítico. Nenhuma das três edições nossas – Araripe, Löfgren, Lobato – merece tais encomios. Creio que a nossa, a presente, é digna deste elogio. Com efeito, traduzido do texto da edição de Marburgo por americanista capaz, Alberto Löfgren, trazido à correção vernácula por Theodoro Sampaio, a competência deste sábio em assuntos nacionais enriqueceu o texto com infinidade de notas interessantes e indispensáveis. As gravuras nos vêm da recente edição fac-similar de Frankfurt. Temos assim um Hans Staden digno dele e do seu assunto e que honra, portanto, as publicações da Academia Brasileira.

O retrato com que se abre esta edição foi achado em 1664 e publicado por Winkelmann, sendo reproduzido nessa edição fac-similar de Frankfurt. Se não certeza, tem probabilidades de verdadeiro, pois é do tempo a técnica da gravura em madeira e foi achado em Cassel entre os desenhos originais do livro.

Aliás, também não há certeza sobre a vida do autor, desconhecidas as datas de seu nascimento e morte. Sabe-se apenas que era filho de um burguês de Homberg, e que mais tarde viveu em Wolffhagen, como ele mesmo declara.

O melhor, porém, sua obra, subsiste, e é um documento relevante da história do Brasil.

*A.P.*

# Prefácio

A presente tradução do interessante livro de Hans Staden é a segunda em língua portuguesa. A primeira apareceu em 1892, na *Revista do Instituto Historico e Geographico Brasileiro*, vol. 55, parte 1ª, e tem por autor o Dr. Alencar Araripe, que adotou a ortografia fonética. O original de que esta se serviu foi da edição francesa da Coleção Ternaux Compans, que, provavelmente, por sua vez, fora traduzida da versão latina. Comparando as duas, vê-se que a tradução é fidelíssima, mas como não foi o trabalho feito à vista do original alemão, não é de estranhar que se afaste bastante deste, principalmente no estilo que, de todo, foi desprezado com sacrifício daquele cunho característico, com que lembra a sua época.

Mas, além destas, há várias outras traduções e muitas edições, tanto do original como das versões. Segundo o que conhecemos são elas:

1ª) O original primitivo, publicado em 1557 na cidade de Marburg, em Hessen, na Alemanha[1].

2ª) Segunda edição, impressa no mesmo ano, mas na cidade de Frankfurt sobre o Meno.

3ª) Tradução flamenga, publicada em Antuérpia, em 1558.

4ª) Nova edição alemã. publicada em Frankfurt sobre o Meno, em 1567, na terceira parte de um livro intitulado: *Dieses Weltbuch von Newen erfundene Landschaften durch Leb. Francke.*

5ª) Outra edição, ainda em 1567, na mesma cidade, publicada na coleção das viagens de De Bry.

6ª) A tradução em latim, em 1567, da coleção toda de De Bry.

7ª) Nova edição latina publicada em 1560[2].

8ª) Em 1630 ainda uma terceira.

9ª) Uma quarta edição alemã do original, *in folio*, torna a aparecer em 1593.

10ª) Nova tradução flamenga, publicada em 1630, com o título *Hans Staden van Homburgs Beschryringhe van América*.

11ª) Reimpressa em 1640.

12ª) Quinta edição alemã, publicada em Frankfurt sobre o Meno, em 1631.

13ª) Mais uma sexta edição, em quarto, publicada em Oldenburg no ano de 1664.

14ª) Em 1686 houve outra edição holandesa, em quarto, e ilustrada com xiloprafias, publicada em Amsterdã.

15ª) Mais uma em 1706, numa coleção de viagens, publicada na cidade de Leyden por *Pieter Vanden Aa*.

16ª) Em 1714 seguiu-se a quinta edição holandesa, publicada em Amsterdã, em parte. Essa edição é mencionada por Bouche de Richarderie na *Bibliothèque Universele de Voyages*. Tomo V. Paris, 1806, p. 503.

17ª) Uma tradução francesa foi publicada na coleção de viagens de Ternaux Compans. Vol. III. Paris, 1839, em oitavo.

18ª) A sexta edição holandesa, *in folio*, foi publicada em Leyden em 1727, como nova edição de *Pieter Vanden Aa*.

19ª) A última edição alemã que apareceu em Stuttgart em 1859, na *Bibliothek des Liberischen Vereins*, em Stuttgart. Vol. XLVII.

20ª) Em 1874 a sociedade inglesa *The Hakluyt* publicou, em volume separado, uma tradução magistral, feita pelo Sr. Albert Tootal, com anotações do então cônsul inglês em Santos, Sir Richard F. Burton. Essa tradução foi feita sobre a segunda edição alemã de 1557 e é até hoje a melhor.

21ª) Tradução brasileira na *Revista do Instituto Histórico e Geográfico Brasileiro*, pelo Dr. Alencar Araripe.

Tendo o ilustrado Dr. Eduardo Prado adquirido em Paris um exemplar, original da primeira edição de Marburg, de 1557, começamos a comparar esse original com a tradução portuguesa e chegamos à conclusão de que talvez houvesse vantagem em dar uma nova edição deste livro tão interessante para a nossa história. Deliberamos então cingir-nos estritamente ao método e linguagem do autor, conservando integralmente a ortografia dos nomes próprios dos lugares, coisas e pessoas e, quanto possível, o próprio estilo simples e narrativo, com todas as suas imperfeições, e quer-nos parecer que no nosso modesto trabalho não haja a menor omissão.

Por absoluta falta de tempo e, por julgar mais competente, pedimos ao nosso distinto amigo e consócio Dr. Theodoro Sampaio que se encarregasse das anotações e esclarecimentos relativos aos nomes e posições relatados pelo autor.

Na tradução inglesa, o Sr. Burton fez muitas anotações e deu várias explicações; porém, não sendo todas sempre acertadas, não as copiamos, julgando necessária uma revisão completa de todas elas.

As palavras "pela segunda vez diligentemente aumentada e melhorada", que se acham no título, podiam fazer supor que se tratasse aqui de uma segunda edição, e não da primeira ou original, mas essas palavras devem ser entendidas como "por duas vezes aumentada e melhorada" porque o prefaciador Dr. Dryander certamente tinha auxiliado o autor por ser este pouco versado na arte de escrever e compor. Acresce que esta edição é impressa em Marburg na casa de André Colben, o que por si só prova evidentemente ser a primeira edição conhecida, visto a segunda edição ter sido feita em Frankfurt sobre o Meno, ainda que no mesmo ano. Tendo o Dr. Dryander revisto o manuscrito para ser apresentado ao príncipe em 1556, é muito provável que, para a impressão, que só teve lugar em 1557, o revisse pela segunda vez, e nessa ocasião talvez aumentasse alguma coisa, como diz o título.

As gravuras são reproduções fotográficas, em tamanho igual, das estampas do original. Ignora-se, porém, se os desenhos são do próprio autor ou de outrem por ele guiado, o que, aliás, é mais provável.

Janeiro de 1900.

*Alberto Löfgren, F.L.S.*

\* \* \*

Nota: à nota bibliográfica de Löfgren, com as modificações citadas por J.C. Rodrigues, devemos acrescentar:

I – Hans Just Winkelmann: *Der Amerikanischen Neuen Welt Beschreibung*. Oldenburg, 1644. (Trata-se de uma curiosa descrição da América, e nela se inclui o texto da relação de Staden, com as gravuras da primeira edição.)

II – Reimpressão, na *Zeitschrift des Deutschen Wissenschaftlichen Vereins*, de Buenos Aires, do texto da terceira edição de Frankfurt sobre o Meno, de 1567, pelo Dr. R. Lehmann-Nitsche. Buenos Aires, 1921.

III – Hans Staden. Edição da série "Brasil Antigo", da Companhia Editora Nacional, texto ordenado literariamente por Monteiro Lobato. São Paulo, 1925; 2ª ed., 1926; 3ª ed., 1927. A edição de M. Lobato contém somente a 1ª parte da obra de H. Staden.

IV – Edição fac-similar da de Marpurg, de 1557, pelo Dr. Richard N. Wegner. Frankfurt a. M., 1927.

*A.P.*

# Dedicatória

*Descrição verdadeira de um país de selvagens nus, ferozes e canibais, situado no Novo Mundo América, desconhecido na terra de Hessen, antes e depois do nascimento de Cristo, até que há dois anos, Hans Staden de Homberg, em Hessen, por sua própria experiência, a conheceu e agora a dá à luz pela segunda vez, diligentemente aumentada e melhorada.*

Dedicada à sua sereníssima Alteza Príncipe H. Philipsen, Landtgraf de Hessen, Conde de Catzenelnbogen, Dietz, Ziegenhain e Nidda, seu Gracioso Senhor.

Com um prefácio de Dr. Joh. Dryandri, denominada Eychman, Lente Catedrático de Medicina em Marpurg.

O conteúdo deste livrinho segue depois dos prefácios.

Impresso em Marpurg no ano de M.D.LVII.

*Ao sereníssimo e nobilíssimo Príncipe e Senhor, Senhor Philipsen, Landtgraf de Hessen, Conde de Catze-*

*nelnbogen, Dietz, Ziegenhain e Nidda etc., meu gracioso*
*Príncipe e Senhor.*

Graça e paz em Cristo Jesus nosso redentor, Gracioso Príncipe e Senhor. Diz o santo rei profeta Davi, no Sl 107:

> Os que se fazem ao mar em navios, traficando em grandes águas,
>
> Esses veem as obras de Jehovah e suas maravilhas no profundo.
>
> A um aceno, Ele, faz soprar tormentoso vento, que lhe ergue as ondas.
>
> Sobem aos céus, descem aos abismos: suas almas se aniquilam de angústia.
>
> Tropeçam e titubeiam como bêbados, e toda a sua sabedoria se lhes foi.
>
> Clamam, porém, por Jehovah em suas aflições, e Ele os tira dos apertos.
>
> Faz cessar as tormentas e se aquietam as ondas.
>
> Então se alegram, porque tranquilizados, e Ele os conduz ao desejado porto.
>
> Louvem, pois, o Senhor, pela sua bondade e pelas suas maravilhas, para com os filhos dos homens.
>
> E o exaltem no seio do povo, e no conselho dos anciãos o glorifiquem.

Assim, agradeço ao Todo-poderoso, criador do céu, da terra e do mar, ao seu filho Jesus Cristo e ao Espírito Santo, pela grande graça e clemência de que fui alvo durante a minha estada entre os selvagens da terra do *Prasilien* [Brasil], chamados *Tuppin Imba*[3] e que comem carne de gente, onde estive prisioneiro nove meses e corri muitos perigos, dos quais a Santíssima Trindade inesperada e milagrosamente me salvou, para que eu, depois de longa, triste e perigosa vida, tornasse a ver a minha muito querida pátria, no principado de Vossa Graciosa Alteza, após muitos anos. Modestamente e com brevidade tenho narrado essa minha viagem e navegação para que Vossa Graciosa Alteza a queira ouvir, lida por outrem, de que modo eu, com auxílio de Deus, atravessei terras e mares e como Deus milagrosamente se mostrou para comigo nos perigos. E para que Vossa Graciosa Alteza não duvide de mim, como se eu estivesse a contar coisas mentirosas, queria oferecer à Vossa Graciosa Alteza, em minha própria pessoa, uma garantia para este livro. A Deus somente seja, em tudo, a glória. Recomendo-me humildemente à Vossa Graciosa Alteza.

Datum Wolffhagen a vinte de junho – *Anno Domini.*

Mil quinhentos e cinquenta e seis.

De V.A. súdito *Hans Staden*, de Homberg, em Hessen, agora cidadão em Wolffhagen.

# Prefácio

*Ao nobilíssimo Senhor H. Philipsen, conde de Nassau e Sarprück etc., meu gracioso Senhor, deseja D. Dryander muita felicidade, com o oferecimento de seus préstimos.*

Hans Staden, que acaba de publicar este livro e história, pediu-me para rever, corrigir e, onde fosse necessário, melhorar o seu trabalho. A este pedido acedi, por muitos motivos. Primeiro, porque conheço o pai do autor, há mais de cinquenta anos (pois nascemos no mesmo Estado de Wetter, onde fomos educados), como um homem que, tanto na terra natal como em Homberg, é tido por franco, devoto e bravo, e que estudou as boas artes, e (como diz o refrão) porque a maçã não cai longe da árvore, é de esperar que Hans Staden, como filho deste bom homem, deva ter herdado as virtudes e a devoção do pai.

Além disso, aceito o trabalho de rever este livro com tanto mais gosto e amor quanto me interesso muito pelas notícias concernentes às matemáticas, como a cosmografia – isto é, a descrição e medição dos países, cidades e caminhos –, tais como neste livro se deparam, mormente quando vejo os sucessos narrados com franqueza e verdade, e não posso duvidar que este Hans Staden conte e escreva com exatidão e verdade a sua narrativa e viagem, não por tê-las colhido de outrem, mas de experiência própria, sem falsidade, e que ele daí não quer tirar glória nem fama para si, mas sim, unicamente, a glória de Deus, com louvor e gratidão por benefícios recebidos e pela sua libertação. O seu principal objetivo é tornar conhecida sua história a todos, para que se possa ver com que favor e como, contra toda a expectativa, Deus, o Senhor, salvou de tantos perigos a Hans Staden, quando ele o implorou, tirando-o do poder dos ferozes selvagens (onde durante nove meses, todos os dias e horas, estava esperando ser impiedosamente trucidado e devorado), para lhe permitir tornar à sua querida pátria, Hessen.

Por essa inefável clemência divina e pelos benefícios recebidos, queria ele agradecer a Deus no limite de suas forças, e em louvor de Deus comunicar a todos o que lhe aconteceu. Nessa grata tarefa, a ordem dos acontecimentos o levou a descrever toda a viagem com suas peripécias, durante os dois anos que esteve ausente da pátria.

E como faz ele esta descrição sem palavras pomposas e floridas, sem exagerações, tenho plena confiança na sua autenticidade e verdade, até porque nenhum benefício ele pode colher em mentir, em vez de contar a verdade.

Além disso, fixou-se ele agora com os seus pais nesta terra e não é dado a vagabundagem, como os mentirosos e ciganos, que se mudam de um país para outro, pelo que é fácil esperar que alguém de volta daquelas ilhas[4] o possa acusar de mentiroso.

Sou de opinião e considero para mim valiosa prova de verdade o fazer ele esta descrição de um modo tão simples e indicar a época, o país e o lugar em que Heliodorus, o filho do sábio e muito famoso Eoban de Hessen, o qual aqui foi tido por morto, esteve com Hans Staden naquele país e viu como ele foi miseravelmente preso e levado pelos selvagens. Esse Heliodorus, digo, pode, mais cedo ou mais tarde, voltar (como se espera que aconteça) e então envergonhá-lo e denunciá-lo como um homem sem valor, caso sua história seja falsa, ou inventada.

Para então ressalvar e defender a veracidade de Hans Staden, quero agora apontar os motivos pelos quais esta e semelhantes histórias logram, em geral, pouco crédito e confiança.

Em primeiro lugar, viajantes houve que, com mentiras e narrativas de coisas falsas e inventadas fizeram com que homens honestos e verídicos, de volta de terras estranhas, não sejam acreditados e, então se diz geralmente: "quem quer mentir, que minta de longe e de terras longínquas", porque ninguém vai lá para verificar, e antes de se dar a esse trabalho mais fácil é acreditar.

Contudo, nada se ganha em desacreditar a verdade por amor de mentiras. É também para notar que certas coisas contadas e tidas pelo vulgo como impossíveis, para homens de entendimento, não o são; e tomadas por verídicas, quando investigadas, mostram sê-lo evidentes. Isso pode ser observado em um ou dois exemplos tirados da astronomia. Nós, que vivemos aqui na Alemanha perto dela, sabemos de longa experiência a duração do inverno e do verão e das outras duas estações, a primavera e o outono. Também conhecemos a duração do maior dia do verão e do menor dia do inverno, bem como a das noites. Se alguém então disser que há lugares na terra onde o sol não se põe durante meio ano, e que ali o dia maior é de seis meses – isto é, meio ano – e que, ao contrário, a noite maior é de seis meses ou meio ano, assim como há lugares no mundo onde as quatro estações são duplas, o certo é que dois invernos e dois verões lá existem.

É também certo que o sol e outras estrelas, por pequenas que nos pareçam, e mesmo a menor delas no firmamento, são maiores do que toda a terra e são inumeráveis.

Quando então o vulgo ouve estas coisas, desconfia, não acredita e acha tudo impossível. Entretanto, os astrônomos o demonstraram de modo que os entendidos nas ciências não duvidam disso.

Por isso, não se deve concluir que assim não seja, apesar de que o vulgo não lhe dê crédito, e como não estaria mal a ciência astronômica se não pudesse demonstrar esse *corpora* e determinar, por cálculos, os eclipses – isto é, o escurecimento do sol e da lua –, com indicar o dia e a hora em que eles devem se dar. Com séculos de antecedência podem ser preditos e a experiência demonstra ser verdade. "Sim, dizem eles, quem esteve no céu para ver e medir isso?" Resposta: Porque a experiência diária nestas coisas combina com as *demonstrationibus*. É, pois, necessário considerá-las verdadeiras, como é verdadeiro que a soma de 3 e 2 são 5. E de certas razões e demonstrações da ciência acontece que se pode medir e calcular a distância celeste até a lua e daí para todos os planetas e finalmente até o firmamento estrelado. Até o tamanho e a densidade do sol, da lua e outros corpos celestes e da ciência do céu ou astronomia, de combinação com a geometria, calculam-se a grandeza, a redondeza, a largura e o comprimento da terra, coisas estas todas desconhecidas do vulgo e por ele não acreditadas. Essa ignorância por parte do vulgo ainda é perdoável por não estudar ele a filosofia; mas que pessoas importantes e quase sábias duvidem dessas coisas tão verdadeiras é vergonhoso e até perigoso, porque o vulgo tem confiança nelas e persiste no seu erro dizendo: Se assim fosse, este ou aquele escritor não teria refutado. *Ergo* etc.

Que Santo Agostinho e Lactâncio Firmiano, dois santos sábios, não somente em teologia, como também em outras boas artes versados, duvidaram e não quiseram admitir que pudesse haver antípodas – isto é, que houvesse habitantes no outro lado da terra, que andem com seus pés voltados contra nós e, portanto, a cabeça e o corpo pendentes para o céu, isto sem cair –, parece singular, apesar de que muitos outros sábios o admitam contra a opinião dos santos e grandes sábios, acima mencionados, que o negaram e o tiveram por inventado. Deve, porém, ser verdade que aqueles que habitam *ex diametro per centrum terrae* são antípodas e *vera propositio* é que "*Omne versus coelum vergens, ubicumque locorum, sursum est*". E não é necessário ir até o Novo Mundo procurar os antípodas, pois eles existem também aqui no hemisfério superior da terra. Pois se compararmos e confrontarmos o último país do Ocidente, como é a Espanha no Finisterra, com o Oriente, onde está a Índia, essas gentes extremas e habitantes terrestres são também quase uma espécie de antípodas.

Pretendem alguns santos teólogos com isso provar que se tornou verdade a súplica da mãe dos filhos de Zebedeu, quando rogou a Cristo, Senhor Nosso, que seus filhos ficassem, um ao lado direito e outro ao esquerdo dele. E isso de fato aconteceu, pois São Tiago foi sepultado em Compostela, não longe de Finisterra, geralmente denominado Finstern Stern[5] [Estrela escura], onde é venerado, e o outro apóstolo na Índia, ou onde o sol levanta. Que, pois, os antípodas existiam há muito sem serem notados, e que ao tempo de Santo Agostinho, quando o novo mando da América, na parte inferior do globo, ainda se não descobrira, não deixaram de existir, é um fato. Alguns teólogos, especialmente Nicolau Lyra (reputado, todavia, excelente homem), afirmam ser a parte firme do globo terráqueo numa metade apenas fora da água, na qual flutua e onde habitamos; a outra parte oculta-se pelo mar e pela água, de modo que nela ninguém pode existir. Tudo isso, porém, é contrário à ciência da Cosmographia, pois que hoje está verificado pelas muitas viagens marítimas dos portugueses e dos espanhóis que a terra é habitada por toda a parte. A própria zona tórrida também o é, o que nossos antepassados e escritores jamais admitiram. A nossa experiência de cada dia nos mostra que o açúcar, as pérolas e produtos outros para cá vêm daqueles países. O paradoxo dos antípodas e a já referida medição do céu, mencionei-os aqui tão somente para reforçarem o meu argumento, e podia ainda me referir a muitas outras coisas mais, se não temesse aborrecer-vos com o meu longo prefácio.

Muitos outros argumentos semelhantes, porém, podem-se ler no livro do digno e sábio Magister Casparus Goldtworm, diligente superintendente e pregador de V. Alteza, em Weilburg, livro em seis partes, tratando de muitos milagres, maravilhas e paradoxos dos tempos antigos e modernos, e que sem demora se deve dar a imprimir. Para este livro e muitos outros que descrevem tais coisas, como, p. ex., o seu *Libri Galeotti, De rebus vulgo incredibilibus* etc., chamo a atenção do benévolo leitor desejoso de conhecer mais essas coisas.

Com tudo isso se prova que não é necessariamente uma mentira o afirmar-se coisa estranha e descomunal para o vulgo, como nesta história se verá, na qual toda a gente da *ilha*[6] anda nua e não tem por alimento animais domésticos, nem possui coisas para sua subsistência das que nós usamos, como vestimentas, camas, cavalos, porcos ou vacas; nem vinho, cerveja etc., e tem que se arranjar e viver a seu modo.

Quero, porém, para finalizar este prefácio, mostrar em poucas palavras o que induziu Hans Staden a imprimir as suas duas navegações e a viagem por terra. Certo, muitos haverão de interpretar isso em seu desabono, como se ele quisesse ganhar glória ou notoriedade. Eu, porém, penso de outra forma e acredito seriamente que sua intenção é muito diversa, como se percebe em vários lugares desta história. Passou ele por tanta miséria e sofreu tantos revezes, nos quais a vida tão amiúde lhe esteve ameaçada, que chegou a perder a esperança de se livrar ou de jamais voltar ao lar paterno. Deus, porém, em quem sempre confiava e invocava, não somente o livrou das mãos de seus inimigos, como também, por amor das suas fervorosas orações, quis mostrar àquela gente ímpia que o verdadeiro e legítimo Deus, justo e poderoso, ainda existia. Sabe-se perfeitamente que a oração do crente não deve marcar limite a Deus, medida ou tempo; aprouve, porém, a Ele, por intermédio de Hans Staden, demonstrar os seus milagres a esses ímpios selvagens. E isto não sei como contestar.

Sabe-se também como as contrariedades, as tristezas, desgraças e doenças fazem geralmente com que as pessoas se dirijam a Deus e que, na adversidade, nele acreditam mais do que antes, ou como alguns, segundo o costume católico, fazem votos a este ou àquele santo de fazer romaria ou penitência, para que ele os livre nos apuros, cumprindo rigorosamente essas promessas, a não ser aqueles que pretendem defraudar o santo, como nos refere Erasmus Roterodamus, nos *Colloquiis* sobre o naufrágio de um navio de nome *S. Christovam*, cuja imagem de dez côvados de alto, como um grande Poliphemo, acha-se num templo em Paris, navio em que vinha alguém que fizera a promessa a esse santo de oferecer-lhe uma vela de cera do tamanho do próprio santo, se este o tirasse das suas aperturas. Um companheiro, que estava ao lado nessa ocasião, conhecendo-lhe a pobreza, repreendeu-o por tal promessa; pois ainda que vendesse tudo quanto possuía no mundo, não seria capaz de adquirir a cera de que havia de precisar para tamanha vela. O outro, porém, respondeu em voz baixa, que o santo não ouvisse: "Quando o Santo me tiver salvo desses perigos, eu lhe darei uma vela de sebo, do valor de um vintém!"

E a história do cavaleiro, que estava arriscado a naufrágio, é também outra: esse cavaleiro, quando viu que o navio ia se perder, fez voto a São Nicolau de que, se ele o salvasse, ele lhe sacrificaria o seu cavalo ou o seu pajem. O criado, porém, advertiu de que não o fizesse, porque, em que havia de montar depois? O cavaleiro respondeu ao criado, baixinho, para que o santo não o ouvisse: "Cala a boca, porque se o santo me salvar, não lhe darei nem a cauda do cavalo". E assim pensava cada um dos dois enganar o santo e esquecer o benefício.

Para que, pois, Hans Staden não seja tachado assim de esquecer a Deus que o salvou, assentou ele de o louvar e glorificar com o imprimir esta narrativa e, com espírito cristão, divulgar a graça e obra recebidas, sempre que tiver ocasião. E se esta não fosse a sua intenção (aliás, honesta e justa) ele podia se poupar a esse trabalho e economizar a despesa, não pequena que a impressão e as gravuras lhe custaram.

Como esta história foi pelo autor humildemente dedicada ao sereníssimo e de elevadíssimo nascimento Príncipe e Senhor, Philipsen, Landtgraf de Hessen, Conde de Catzenelnbogen, Dietz, Ziegenhain e Nidda, seu Príncipe e gracioso Senhor, e em nome de sua Alteza o fez público, e tendo ele sido, muito antes disto, examinado e interrogado por Vossa Alteza em minha presença e na de muitas outras pessoas sobre a sua viagem e prisão, que eu já por diversas vezes tinha contado à Vossa Alteza e a outros senhores, e como eu, há muito, tinha visto e observado o grande amor que Vossa Alteza manifestou por estas e outras ciências astronômicas e cosmográficas, desejava humildemente escrever este prefácio ou introdução para Vossa Alteza, e lhe pedir para aceitar este mimo, até que possa eu publicar coisa de maior importância em nome de Vossa Alteza.

Recomendo-me submissamente à Vossa Alteza.

Datum Marpurg, Dia de São Thomé,
ano de MDLVI.

# Primeira parte

**Conteúdo do livro**

1) Duas viagens de mar, efetuadas por Hans Staden, em oito anos e meio.

A primeira viagem foi de Portugal, e a segunda da Espanha ao Novo Mundo – América.

2) Como ele, no país dos selvagens denominados Toppinikin (súditos do el-rei de Portugal), foi empregado como artilheiro contra os inimigos.

Finalmente, feito prisioneiro pelos inimigos e levado por eles, permaneceu dez meses e meio em constante perigo de ser morto e devorado por eles.

3) Como Deus livrou misericordiosa e maravilhosamente este prisioneiro, no ano já mencionado, e como ele tornou à sua querida pátria.

Tudo para honra e glória da misericórdia de Deus, dado à impressão.

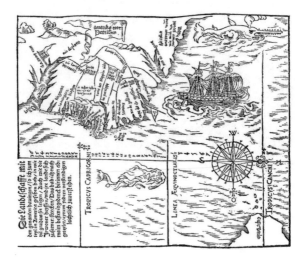

# I

*De que vale à cidade o guarda,*
*E ao navio possante nos mares,*
*Se Deus a eles não proteger?*

Eu, Hans Staden, de Homberg, em Hessen, resolvi, caso Deus quisesse, visitar a Índia. Com essa intenção, saí de Bremen para Holanda e achei em Campen [Campon] navios que tencionavam tomar carga de sal, em Portugal. Embarquei-me em um deles e, no dia 29 de abril de 1547, chegamos à cidade de São Tuval [Setubal], depois de uma travessia de quatro semanas. Daí fui a Lissebona [Lisboa], que dista cinco milhas de São Tuval.

Em Lissebona alojei-me em uma hospedaria, cujo dono era alemão e se chamava Leuhr, *o Moço*, onde fiquei algum tempo.

Contei-lhe que tinha saído da minha pátria e lhe perguntei quando esperava que houvesse expedição para a Índia. Disse-me que eu tinha demorado demais e que os navios do el-rei, que navegavam para a Índia, já tinham saído. Pedi-lhe então que me auxiliasse no intento de encontrar outro navio, visto que perdera estes, tanto mais que ele sabia a língua, e que eu estava pronto a servi-lo por minha vez.

Levou-me para um navio, como artilheiro. O capitão dessa nau chamava-se Pintiado [Penteado] e se destinava ao Prasil para traficar e tinha ordens de atacar os navios que comerciavam com os mouros brancos da Barbaria. Também se achasse navios franceses em tráfico com os selvagens do Prasil devia aprisioná-los, bem como transportar alguns criminosos[7] sujeitos a degredo para povoarem as novas terras.

O nosso navio estava bem aparelhado de tudo o que é necessário para guerra no mar. Éramos três alemães, um chamado Hans von Bruchhausen, o outro Heinrich Brant, de Bremen, e eu.

# II

## *Descrição da minha primeira viagem de Lissebona para fora de Portugal*

Saímos de Lissebona com mais um navio pequeno, que também pertencia ao nosso capitão, e aportamos primeiro em uma ilha, denominada Ilha de Madera, que pertence ao el-rei de Portugal, e onde moram portugueses. É grande produtora de vinho e de açúcar. Ali mesmo, numa cidade chamada Funtschal [Funchal], embarcamos mantimentos.

Depois disso, deixamos a ilha em demanda da Barbaria, para uma cidade chamada *Cape de Gel*[8], que pertence a um rei mouro, branco, a quem chamam Shiriffi [Sherife]. Essa cidade pertencia, outrora, a el-rei de Portugal; mas foi retomada pelo Shiriffi. Nela pensávamos encontrar os mencionados navios que negociam com os infiéis. Chegamos e achamos, perto de terra, muitos pescadores castelhanos, que nos informaram de que alguns navios estavam para chegar, e ao nos afastarmos saiu do porto um navio bem carregado. Perseguimo-lo, alcançando-o; porém, a tripulação escapou nos botes. Divisamos então em terra um bote vazio que bem podia nos servir para abordar o navio aprisionado, e fomos buscá-lo.

Então, os mouros brancos chegaram a cavalo para protegerem o barco; mas não podiam se aproximar por causa dos nossos canhões. Tomamos conta do navio e partimos com a nossa presa, que consistia em açúcar, amêndoas, tâmaras, couros de cabra e goma arábica, que levamos até a Ilha de Madera, e mandamos o nosso navio menor a Lissebona para informar ao el-rei e receber instruções a respeito da presa, pois havia negociantes valencianos e castelhanos entre os proprietários.

El-rei nos respondeu que deixássemos a presa na Ilha e continuássemos a viagem, enquanto Sua Majestade deliberava sobre o caso.

Assim o fizemos, e navegamos de novo, até o Cape de Gel, para ver se encontrávamos mais presas. Porém, foi em vão; fomos impedidos pelo vento, que, próximo da costa, sempre nos era contrário. À noite, véspera de Todos os Santos, uma tempestade nos levou da Barbaria para o lado do Prasil. Quando estávamos a 400 milhas da Barbaria grande, um cardume de peixes cercou o navio; apanhamos muitos com o anzol. Alguns, grandes, eram dos que os marinheiros chamavam *Albakores*. Outros, *Bonitas*, eram menores, e ainda a outros chamavam *Durados*[9]. Também havia muitos do tamanho do harenque, que tinham asas nos dois lados, como os morcegos, e eram muito perseguidos pelos grandes. Quando percebiam isso, saíam da água em grandes cardumes e voavam, cerca de duas braças acima da água; muitos caíam perto e outros longe, a perder de vista; depois, caíam outra vez na água. Nós os achávamos frequentemente, de manhã cedo, dentro do barco, caídos durante a noite, quando voavam. E são denominados na língua portuguesa *pisce bolador*[10].

Daí chegamos até à linha equinoxial, onde reinava intenso calor, porque, ao meio-

-dia, o sol estava exatamente a pino sobre as nossas cabeças. Durante algum tempo, de dia, não soprava vento algum; mas de noite se desencadeavam, muitas vezes, fortes trovoadas, acompanhadas de chuva e vento, que passavam rápido. Entretanto, tínhamos de velar constantemente, para que nos não surpreendessem quando navegássemos a pano.

Mas, quando de novo soprou o vento, que se tornou temporal, durante alguns dias, e contrário a nós, julgamo-nos ameaçados de fome, se continuasse. Oramos a Deus, pedindo bom vento. Aconteceu então, uma noite, por ocasião de forte tempestade, que nos pôs em grande perigo, aparecerem muitas luzes azuis no navio, como nunca mais tenho visto. Onde as vagas batiam no costado, lá estavam também as luzes. Os portugueses diziam que essas luzes eram um sinal de bom tempo que Deus nos mandava, para nos consolar no perigo. Agradecemos então a Deus depois que desapareceram. Chamam-se *Santelmo*, ou *Corpus Santon*, essas luzes.

Quando o dia raiou, o tempo se tornou bom, soprando vento favorável, de modo que vimos claramente que tais luzes são milagres de Deus.

Continuamos a viagem através do oceano, com bom vento. A 28 de janeiro houvemos vista de terra, vizinha de um cabo chamado Sanct Augustin. A oito milhas daí chegamos a um porto, denominado *Pronnenbucke*[11]. Contavam-se oitenta e quatro dias que tínhamos estado no mar sem ter avistado a terra. Ali os portugueses tinham estabelecido uma colônia, chamada *Marin*[12]. O governador desta colônia chamava-se Arto Koslio[13], a quem entregamos os criminosos; e ali descarregamos algumas mercadorias, que lá ficaram. Terminamos os

nossos negócios nesse porto, com intuito de prosse-
guir viagem, a tomar cargas.

# III

### *Como os selvagens do lugar Prannenbucke se revoltaram e quiseram destruir a colônia dos portugueses*

Aconteceu que os selvagens do lugar tinham se
revoltado contra os portugueses, o que nunca fizeram antes; mas agora o faziam por se sentirem escra-
vizados. Por isso, o governador nos pediu, pelo amor
de Deus, que ocupássemos o lugar denominado *Ga-
rasú*[14], a cinco milhas de distância do porto de Marin,
onde estávamos ancorados, e do qual os selvagens
queriam se apoderar. Os habitantes da colônia de
Marin não podiam ir em auxílio deles, porque recea-
vam que os selvagens os viessem atacar.

Fomos, pois, em auxílio da gente de Garasu,
com quarenta homens do nosso navio, e para lá nos
dirigimos numa embarcação pequena. A colônia fica
num braço do mar, que avança duas léguas por terra
adentro. Haveria ali uns noventa cristãos para a defesa. Com eles se achavam mais uns trinta mouros e escravos brasileiros[15] pertencentes aos moradores. Os
selvagens, que nos sitiavam[16], orçavam por oito mil.

Tínhamos ao redor da praça apenas uma estacada de madeira[17].

# IV

## *De como eram suas fortificações e como eles combatiam contra nós*

Ao redor do lugar onde estávamos sitiados havia uma mata, na qual tinham construído dois redutos de troncos grossos, onde se recolhiam à noite; e quando nós os atacávamos, para lá se refugiavam. Ao pé destes redutos abriam buracos no chão, onde se metiam durante o dia e de onde saíam para nos guerrilhar. Quando atirávamos sobre eles, caíam todos por terra pensando assim evitar o tiro. Tinham-nos sitiado tão bem, que não podíamos sair nem entrar. Aproximavam-se do povoado; atiravam flechas para o ar, visando na queda nos alcançar; atiravam também flechas com algodão seguro com cera a que deitavam fogo com o fim de incendiar os tetos das casas, e combinavam já de antemão o modo de nos devorar quando nos houvessem colhido.

Restava-nos ainda algum mantimento, mas esse logo se acabou. Nesse país é uso trazer diariamente, ou de dois em dois dias, raízes frescas de mandioca para fazer farinha ou bolos; mas os nossos não podiam se aproximar do lugar em que se encontravam essas raízes.

Como percebêssemos que nos havia de faltar mantimento, saímos em dois barcos por um lugar chamado *Tamaraká*[18] para buscá-lo. Os selvagens, porém, tinham atravessado grandes troncos de árvores no rio e se postaram muitos deles nas duas margens, com o intuito de impedir a nossa viagem. Forçamos, porém, a tranqueira, e ao meio-dia, mais ou menos, estávamos de volta sãos e salvos. Os selvagens nada nos puderam fazer nas embarcações;

arrumaram, porém, porção de lenha entre a margem e os barcos, a que deitaram fogo, para ver se os incendiavam, e queimavam uma espécie de pimenta, que lá cresce, com o fim de nos fazerem abandonar as embarcações por causa da fumaça. Mas não foram bem-sucedidos, e enquanto isso, cresceu a maré e nós voltamos. Fomos a Tamaraká, onde os habitantes nos forneceram os mantimentos.

Com esses voltamos, outra vez, para o lugar sitiado. No mesmo ponto em que antes haviam posto obstáculos tinham os selvagens de novo derribado árvores, como anteriormente; mas acima do nível da água e, na margem, tinham cortado duas árvores de modo a ficarem ainda em pé. Nas ramagens amarraram-lhes uns liames chamados *sippo*[19], que crescem como lúpulo; porém, mais grossos. As extremidades ficavam amarradas nas estacadas, e, puxando por elas, era seu intento fazer tombar as árvores caindo sobre as nossas embarcações. Avançamos para lá; forçamos a passagem, caindo a primeira das árvores para o lado da estacada e a outra na água, um pouco para trás do nosso barco. E antes que começássemos a forçar as tranqueiras, chamamos por nossos companheiros da povoação para virem em nosso auxílio. Quando começamos a chamar, em voz alta, gritaram os selvagens também, para que os nossos companheiros nos não ouvissem, visto que não nos podiam ver por causa de uma pequena mata interposta; mas tão perto estávamos, que nos teriam decerto ouvido, se os selvagens não gritassem.

Levamos as provisões à povoação, e como os selvagens viram que nada podiam fazer, pediram a paz e se retiraram. O cerco durava havia quase um mês, e vários dos selvagens morreram; nenhum, porém, dos cristãos. Uma vez pacificados os selvagens, voltamos ao navio grande em Mearim, e aí tomamos água e também farinha de mandioca para servir de mantimento, e o governador da colônia de Mearim nos agradeceu.

# V

### De como saímos de Prannenbucke para uma terra chamada Buttugaris; encontramos um navio francês e nos batemos com ele

Viajamos quarenta milhas para diante, até um porto chamado Buttugaris[20], onde pretendíamos carregar o navio com pau-prasil e receber provisões em permuta com os selvagens.

Ao chegarmos aí encontramos um navio da França, que carregava pau-prasil. Atacamo-lo para o aprisionar, mas cortaram o mastro grande com um tiro, e se escaparam; alguns dos nossos morreram e outros ficaram feridos.

Depois disso, queríamos tornar para Portugal, visto que não conseguíamos vento favorável para entrar no porto, onde pensávamos obter mantimentos. O vento era-nos contrário, e assim fomos embora com tão poucas provisões, que tivemos de padecer muita fome; alguns comiam couro de cabritos, que tínhamos a bordo. Distribuíam-se a cada um de nós, por dia, um copinho de água e um pouco de farinha de raiz brasileira [mandioca]. Estivemos assim 108 dias no mar, e no dia 12 de agosto alcançamos umas ilhas chamadas *Losa Sores* [Los Açores], que pertencem ao el-rei de Portugal; aí lançamos âncora, descançamos e pescamos. Ali mesmo vimos um navio ao mar, ao qual nos dirigimos para ver que navio era. Manifestou ser navio de piratas, que se puseram em defesa; mas nós ficamos vitoriosos e lhes tomamos o navio. Escaparam nos escaleres para as ilhas. O navio tinha muito vinho e pão, com que nos regalamos. Depois encontramos umas cinco velas que pertenciam ao el-rei de Portugal e tinham de aguardar nas ilhas a vinda de outro navio das Índias para comboiá-lo até Portugal. Aí ficamos e ajudamos a levar o navio das Índias, que veio para uma ilha chamada Tercera [Terceira], onde ficamos. Nessa ilha, tinham-se reunido muitos navios, todos vindos do novo mundo; uns iam para a Espanha, outros para Portugal. Saímos da ilha Tercera em companhia de quase cem navios, e chegamos a Lissebona [Lisboa] a 8 de outubro, mais ou menos, do ano de 1548; tínhamos gasto dezesseis meses em viagem.

Depois descansei algum tempo em Lissebona e fiquei com vontade de ir com os espanhóis para as novas terras que eles possuem. Saí por isso de Lissebona, em navio inglês, para uma cidade chamada porto *Santa Maria*[21], na Castilia [Castela]. Ali queriam carregar o navio de vinho; daí fui para uma cidade denominada *Civilia*[22], onde encontrei três navios que estavam se aparelhando para ir a um país chamado *Rio de Platta*, situado na América. Esse país, a aurífera terra chamada de *Pirau*[23] que, há poucos anos, foi descoberta, e o Prasil são tudo uma e mesma terra firme.

Para conquistar aquele território mandaram, há anos, navios dos quais um voltava pedindo mais auxílio e contou como era rico em ouro. O comandante dos três navios chamava-se Don Diego de Senabria e devia ser o governador, por parte do el-rei daquele país. Fui a bordo de um desses navios que estavam muito bem equipados. Saímos de Civilia para *Sanct Lucas*[24], por onde a gente de Civilia sai para o mar, e aí ficamos esperando bom vento.

# VI

## Narração da minha segunda viagem de Civilia, Espanha, para a América

No ano de 1549, no quarto dia depois da Páscoa, fizemo-nos de vela de São Lucas com vento contrário, pelo que aportamos a Lissebona. Quando o vento melhorou fomos até as Ilhas Cannarias e deitamos âncora numa ilha chamada Pallama [Palma], onde embarcamos algum vinho para a viagem. Os pilotos dos navios resolveram, caso desgarrassem no mar, se encontrar em qualquer terra que fosse, no grau 28 ao sul da linha equinocial.

De Pallama fomos até *Cape-Virde* [Cabo Verde] – isto é, a ponta verde – situada na terra dos mouros pretos. Aí quase naufragamos, mas continuamos a nossa derrota; o vento, porém, era-nos contrário e nos levou algumas vezes até a terra de *Gene* [Guiné], onde também habitam mouros pretos. Depois, chegamos a uma ilha denominada São Tomé, que pertence ao el-rei de Portugal. É uma ilha rica em açúcar, mas muito insalubre. Aí habitam os portugueses com muitos mouros pretos, que lhes pertencem. Tomamos água fresca na ilha e continuamos a viagem; perdemos aí de vista dois dos nossos navios que, por causa de uma tempestade, afastaram-se, de modo que ficamos a sós. Os ventos eram-nos contrários, porque naqueles mares têm a particularidade de soprarem do sul, quando o sol está ao norte da linha equinocial, e quando o sol está ao sul desta linha eles vêm do norte, e costumam então permanecer na mesma direção durante cinco meses, e por isso não pudemos seguir o nosso rumo durante quatro meses. Quando, porém, entrou o mês de setembro, começou o vento a ser do norte, e então continuamos a nossa viagem de sul-sudoeste para a América.

# VII

**De como chegamos à latitude de 28 graus na terra da América e não pudemos reconhecer o porto para onde íamos, e uma grande tempestade se desencadeou em terra**

Um dia, que era o 18 de novembro, o piloto tomou a altura do sol, que era de 28 graus, pelo que procuramos terra a oeste. No dia 24 do mesmo mês vimos terra. Tínhamos estado seis meses no mar; algumas vezes em grande perigo. Aproximando-nos de terra, não reconhecemos o porto nem os sinais que o primeiro oficial nos tinha descrito. Também não podíamos nos arriscar a entrar num porto desconhecido, pelo que cruzamos em frente à terra. Começou a ventar muito, de tal modo que temíamos ser atirados contra os rochedos, pelo que amarramos alguns barris vazios, nos quais pusemos pólvora, bem jungidos, e neles amarramos as nossas armas, de forma que, se naufragássemos e alguns escapassem, teriam com que se defender em terra, porque as ondas levariam os barris para a praia. Continuamos então a cruzar, mas debalde, porque o vento nos atirou contra os rochedos e parcéis com 4 braças de água, e à vista dos imensos vagalhões houvemos de aproar para terra, na persuasão de que todos íamos perecer. Quis Deus, porém, que ao chegarmos mais perto dos escolhos se nos deparasse porto, no qual entramos. Aí avistamos pequeno barco que fugiu de nós e se escondeu por trás de uma ilha, onde não o podíamos ver, nem saber que barco era; porém, não o seguimos. Deitamos ali âncora, agradecendo a Deus que nos salvou; descançamos e enxugamos a nossa roupa.

Eram mais ou menos duas horas da tarde quando deitamos âncora. De tarde, veio uma grande embarcação com selvagens, que queriam falar conosco. Nenhum de nós, porém, entendia a língua deles. Demos-lhes algumas facas e anzóis, com que voltaram. Na mesma noite, veio mais uma embarcação cheia, na qual estavam dois portugueses. Estes nos perguntaram de onde vínhamos. Respondemos que vínhamos da Espanha. A isto replicaram que devíamos ter um bom piloto, que pudesse nos levar ao porto, porque, apesar de eles bem o conhecerem, com uma tempestade destas não poderiam ter entrado. Contamos-lhes então tudo e como o vento e as ondas quase nos fizeram naufragar; e quando nos julgávamos perdidos, ganhamos inesperadamente o porto. Foi, pois, Deus quem nos guiou milagrosamente e nos salvou do naufrágio; e nem sabíamos onde estávamos.

Ao ouvirem isso, admiraram-se muito, agradeceram a Deus e nos disseram que o porto onde estávamos era *Supraway*[25], e que deste estávamos a 18 léguas de uma ilha, chamada São Vincente[26], que pertencia ao el-rei de Portugal, e lá moravam eles e aqueles outros que tínhamos visto no barco pequeno a fugirem por pensarem que éramos franceses.

Perguntamos também a que distância ficava a ilha de Santa Catarina, para onde queríamos ir. Responderam que podia ser umas trinta milhas para o sul, e que lá havia uma tribo de selvagens chamados *Cariós* [Carijós] e que tivéssemos cautela com eles. Os selvagens do porto onde estávamos se chamavam *Tuppin Ikins* [Tupiniquins] e eram seus amigos, de modo que não corríamos perigo.

Perguntamos mais em que latitude estava o lugar, e responderam-nos que estava a 28 graus, o que era verdade. Também nos ensinaram como havíamos de conhecer o país.

# VIII

### *De como saímos outra vez do porto para procurar o lugar para onde queríamos ir*

Quando o vento de sudeste cessou, melhorou o tempo com o vento de nordeste. Levantamos então ferro e rumamos para a terra já mencionada. Viajamos dois dias à procura do porto, mas não pudemos reconhecê-lo. Percebemos, porém, pela terra, que já tínhamos passado o porto, uma vez que, encoberto o sol, não podíamos fazer observações nem voltar com vento contrário.

Mas Deus é salvador nas necessidades. Ao fazermos a nossa oração vespertina, implorando a proteção de Deus, aconteceu que nuvens grossas se formassem ao sul para onde tínhamos avançado. Antes de terminada a reza, o nordeste acalmou, de modo a não ser mais perceptível, e o vento sul, apesar de não ter a época do ano em que ele reina, começou a soprar, acompanhado de tantos trovões e relâmpagos, que ficamos amedrontados. O mar tornou-se tempestuoso, porque o vento sul, de encontro ao do norte, levantava as ondas, e tão escuro estava, que se não podia enxergar. Os grandes relâmpagos e os trovões atemorizavam a tripulação, de modo que já ninguém sabia o que fazer para colher as velas. Esperávamos todos perecer aquela noite. Deus, porém, fez com que o tempo mudasse e melhorasse, e voltamos para o lugar de onde tínhamos partido naquele dia, procurando de novo o porto, mas sem o conseguirmos, por causa das muitas ilhas próximas da terra firme.

Como chegássemos ao grau 28, disse o capitão ao piloto que entrasse por trás de uma ilha e deitasse âncora, a fim de ver em que terra estávamos. Entramos, então, entre duas terras, onde havia um porto excelente; deixamos a âncora ir ao fundo e deliberamos tomar o bote para melhor explorar o porto.

# IX

## De como alguns dos nossos saíram no bote para reconhecer o porto e acharam um crucifixo sobre uma rocha

Foi no dia de Santa Catharina, no ano de 1549, que deitamos âncora, e, no mesmo dia, alguns dos nossos, bem municiados, saíram no bote para explorar a baía. Começamos a pensar que fosse um rio, que se chama Rio de São Francisco, situado também na mesma província, pois que, quanto mais entrávamos, mais comprido parecia.

Olhávamos de vez em quando para ver se descobríamos alguma fumaça; porém, nada vimos. Finalmente, pareceu-nos ver umas cabanas, e para lá nos dirigimos. Eram já velhas, sem pessoa alguma dentro, pelo que continuamos até de tarde. Então vimos uma ilha pequena na frente, para a qual nos dirigimos para passarmos a noite, julgando haver ali um abrigo. Chegamos à ilha, já noite; não podíamos, porém, arriscar-nos a ir à terra, pelo que alguns dos nossos foram rodeá-la para ver se por ali havia gente; mas não descobriram ninguém. Fizemos então fogo, cortamos uma palmeira para comer o palmito e ficamos ali durante a noite. De manhã cedo avançamos terra adentro. Nossa opinião era de que havia ali gente, porque as cabanas eram indício disso. Adiantando-nos, vimos ao longe, sobre uma rocha, um madeiro, que nos pareceu uma cruz, e não compreendíamos quem a teria posto ali. Chegamos a ela e achamos uma grande cruz de madeira, apoiada com pedras e com um pedaço de fundo de barril amarrado, e, neste fundo, gravadas umas letras que não podíamos ler nem adivinhar qual o navio que teria erigido aquela cruz; e não sabíamos se esse era o porto onde devíamos nos reunir. Continuamos então rio acima e levamos o fundo do barril. Durante a viagem, um dos nossos examinou de novo a inscrição e começou a compreendê-la. Estava ali gravado em língua espanhola: "Se vehn por ventura, ecky la armada de Su Majestet, tiren uhn tire ay aueran recado (Se viene por ventura aqui la armada de su magestad, tiren un tiro y haran recado)". Isto quer dizer: Se por acaso aqui vierem navios de sua majestade, deem um tiro e terão resposta.

Voltamos então sem demora para a cruz e disparamos um tiro de peça, continuando depois, rio acima, a nossa viagem.

Pouco depois, vimos cinco canoas com selvagens, que vieram sobre nós, pelo que aprontamos as nossas armas. Chegando mais perto, vimos um homem vestido e barbado que vinha à proa de uma das canoas e nos parecia cristão. Gritamos-lhe para fazer alto às outras canoas e vir com uma só para conversar conosco. Quando se aproximou de nós, perguntamos-lhe em que terra estávamos; ao que nos respondeu que estávamos no porto de *Schirmirein*[27], assim denominado pelos selvagens, e para melhor o entendermos, acrescentou chamar-se Santa Catharina, nome dado pelos descobridores.

Isso nos alegrou muito, porque este era o porto que procurávamos, sem conhecer que já nele estávamos, coincidindo ser isso no mesmo dia de Santa Catharina. Vede, pois, como Deus socorre aquele que no perigo o implora com fervor.

Então ele nos perguntou de onde vínhamos, ao que respondemos que pertencíamos à armada do rei da Espanha, em caminho para o Rio de la Platta, e que havia mais navios em viagem, que esperávamos, com Deus, chegassem logo para nos unirmos a eles. A isto ele respondeu que estimava muito e agradecia a Deus, porque havia três anos que havia saído da província do Rio de la Platta, da cidade chamada la Soncion[28], pertencente aos espanhóis, por ter sido mandado à costa, cidade distante 300 milhas do lugar onde estávamos, para fazer os Cariós, que eram amigos dos espanhóis, plantarem raízes que se chamam mandioca e suprissem as naus que disso precisassem. Eram essas as ordens do capitão que levara as últimas novas à Espanha e se chamava Salaser[29], e que agora voltava com outras naus.

Acompanhados então dos selvagens até as cabanas onde ele morava, ali fomos bem tratados.

# X

## *Como me mandaram à nossa nau grande numa canoa cheia de selvagens*

Pediu então o nosso capitão ao homem, que achamos entre os selvagens, que mandasse vir uma canoa com gente que levasse um de nós à nau, para que esta também pudesse vir.

Ordenou-me que seguisse com os selvagens até a nau, ausentes dela como estávamos já três noites, sem que a gente de bordo soubesse que fim tínhamos levado.

Quando cheguei à distância de um tiro da nau, fez-se lá um grande alarido, pondo-se em guarda a maruja, e não consentindo que mais perto chegássemos com a canoa. Gritaram-me, indagando o que havia acontecido, onde ficaram os outros e como é que vinha eu sozinho naquela canoa cheia de selvagens. Calei-me; não respondi, porque o capitão me ordenara que fingisse estar triste e observasse o que se fazia a bordo.

Como eu não lhes respondi, diziam entre si: "Aqui há coisa; os outros, de certo, estão mortos e estes agora vêm com aquele só, para nos armar uma cilada e tomar o navio". Queriam então atirar contra nós; porém, chamaram-me ainda uma vez. Comecei então a rir e lhes disse que ficassem tranquilos, pois lhes trazia boas-novas, e com isso permitiram que me aproximasse. Contei então o que se tinha passado, o que muito os alegrou, e os selvagens voltaram sozinhos. Seguimos logo com a nau até perto das cabanas, onde fundeamos, à espera das outras naus, que tinham se desgarrado por efeito da tempestade.

A aldeia onde moravam os selvagens chamava-se *Acuttia*[30], e o homem que lá achamos chamava-se João Fernandez Biscainho, da cidade de Bilbao. Os selvagens eram Cariós [Carijós] e nos trouxeram muita caça e peixe, e nós lhes damos anzóis em troca.

# XI

### *Como chegou a outra nau da nossa companhia que tinha se desgarrado e onde vinha o primeiro piloto*

Com cerca de três semanas de espera, chegou-nos a nau em que vinha o primeiro piloto; mas a terceira nau era perdida de todo e nada mais soubemos dela.

Aparelhamos, então, para sair e fizemos provisão para seis meses, pois havia ainda cerca de 300 léguas de viagem por mar. Quando tudo estava prestes, aconteceu-nos perder a nau grande no porto, o que impediu a nossa partida.

Ficamos aí dois anos no meio de grandes perigos e sofrendo fome. Tínhamos de comer lagartos, ratos do campo e outros animais esquisitos, que lográvamos colher, assim como mariscos que vivem nas pedras e muitos bichos extravagantes. Os selvagens que nos davam mantimentos só o fizeram enquanto recebiam presentes de nossa parte; fugiram depois para outros lugares, e como não podíamos fiar-nos neles, dissuadimo-nos de aí continuar com perigo de perecer.

Deliberamos, pois, que a maior parte dos nossos devia ir por terra para a província de *Sumption*[31], daí distante cerca de 300 milhas. Os outros iriam no navio que restava. O capitão conservava alguns de nós, que iriam por água com ele. Os que iam por terra levavam mantimentos e alguns selvagens. Muitos deles, é certo, morreram de fome no sertão; mas os outros chegaram ao seu destino, como soubemos depois; entretanto, para o resto dos nossos homens, o navio era pequeno demais para navegar no mar.

# XII

***Como deliberamos ir a São Vincente, que era dos portugueses, para arranjar com eles um navio, fretá-lo e terminar, assim, a nossa viagem; porém, naufragamos e não sabíamos a que distância estávamos de São Vincente***

Os portugueses têm perto da terra firme uma ilha denominada São Vincente (*Urbioneme*[32], na língua dos selvagens). Essa ilha se acha a cerca de 70 milhas do lugar onde estávamos. Era nossa intenção ir até lá, e se possível havermos dos portugueses um barco de frete e seguirmos até o Rio de la Platta, pois o que tínhamos era pequeno demais para nós todos. Para esse fim, alguns dos nossos partiram com o Capitão Salasar para a Ilha de São Vincente; mas nenhum de nós tinha estado lá, exceto um de nome Ramon, que se obrigou a mostrar a ilha.

Saímos, pois, do forte de *Inbiassape*[33], que se acha no grau 28, ao sul do equinócio, e chegamos cerca de dois dias depois da nossa partida a uma ilha chamada *Alkatrases*[34], mais ou menos a 40 milhas do lugar de onde saímos. Ali o vento se tornou contrário e nos obrigou a ancorar. Na ilha havia muitos pássaros marítimos chamados *Alkatrases*, que são fáceis de apanhar. Era tempo da incubação. Desembarcamos para procurar água potável e encontramos cabanas velhas e cacos de panelas dos selvagens, que lá tinham morado. Também achamos umas pequenas fontes na rocha. Ali matamos muitos daqueles pássaros e lhes levamos os ovos para bordo, onde os cozinhamos. Acabada a refeição, assaltou-nos grande tempestade do sul e ficamos receosos de soltar as âncoras e a nau fosse arremessada sobre os rochedos. Isto já pela tarde, e pensávamos ainda alcançar o porto chamado *Caninee*[35]. Mas anoiteceu antes de chegarmos, e não pudemos entrar. Afastamo-nos então de terra com grande perigo, pensando a cada instante que as vagas despedaçassem o navio, pois perto da terra elas são muito maiores do que ao longe, em alto-mar.

Durante a noite tínhamos nos afastado tanto, que de manhã já não enxergávamos mais a terra. Somente muito depois ela apareceu à vista, mas a tempestade era tamanha, que pensamos não resistir. Então aquele dos nossos que já aqui tinha estado julgou reconhecer São Vincente, e aproamos para lá. Uma grande neblina, porém, não nos deixou reconhecer bem a terra e tivemos de alijar tudo que era pesado para aliviar o navio. Estávamos com muito medo, ainda assim avançamos com o intuito de encontrar o porto, onde moram portugueses, mas nos enganamos.

Quando enfim a névoa se dissipou um pouco, deixando ver terra, disse Ramon que se lembrava estar o porto ali à nossa frente, e que bastava dobrar o promontório para o alcançarmos por trás. Seguimos então; mas quando chegamos só vimos a morte, porque o porto não era lá, o que nos obrigou a embicar para a terra e naufragar. As ondas batiam medonhamente contra a terra, e rogamos a Deus que nos salvasse a alma, fazendo o que os marinheiros costumam quando estão em perigo de naufrágio.

Ao chegarmos ao ponto onde as vagas arrebentavam, suspendiam-nos tão alto como se estivéssemos sobre uma muralha. Logo ao primeiro baque em terra a nau se despedaçou. Alguns saltaram no mar e nadaram para a costa, outros ali chegaram agarrados aos destroços do navio. Assim Deus nos ajudou a chegar vivos em terra, continuando o vento e a chuva, que quase nos enregelavam.

# XIII

## *Como viemos saber em que país de selvagens tínhamos naufragado*

Chegando à terra, demos graças a Deus que nos concedeu alcançar vivos a costa, ainda que inquietos por não sabermos em que lugar estávamos, visto que o Ramon não conhecia aquela paragem nem sabia se estávamos longe ou perto de São Vincente, ou se ali havia selvagens que nos pudessem fazer mal. Um dos companheiros, de nome Claudio, que era francês, começou a correr pela praia para se aquecer, quando de repente reparou numas casas que ficavam por trás do mato e que se pareciam com casas de cristãos. Dirigiu-se então para lá e deu com um lugar onde moravam portugueses, e que se chamava *Itenge-Ehm*[36], cerca de duas milhas distante de São Vincente. Contou-lhes então o nosso naufrágio e o muito frio que sofríamos sem termos para onde ir. Quando ouviram isso vieram correndo ao nosso encontro e nos levaram para suas casas, dando-nos roupas. Aí permanecemos alguns dias, até ganharmos forças.

Desse lugar fomos por terra até São Vincente, onde os portugueses nos receberam bem e nos deram alimento por algum tempo. Uma vez verificada a perda das nossas naus, o capitão mandou um navio português buscar os outros companheiros nossos que tinham ficado em *Byassape*[37], o que se realizou.

# XIV

## Como está situado São Vincente

São Vincente é uma ilha muito próxima da terra firme e onde há dois lugares, um denominado em português São Vincente e na língua dos selvagens *Orbioneme*[38]. O outro, que dista cerca de 2 léguas, chama-se *Ywawasupe*[39], além de algumas casas na ilha que se chamam *Ingenio*[40], nas quais se faz açúcar. Os portugueses que aí moram têm por amiga uma nação brasílica de nome Tuppin Ikin[41], cujas terras se estendem pelo sertão adentro, cerca de 80 léguas e ao longo do mar umas 40 léguas. Essa nação tem inimigos de ambos os lados, para o Sul e para o Norte. Seus inimigos para o lado do Sul chamam-se Cariós [Carijós], e os do lado do Norte, *Tuppin-Inba*. Eles os apelidam de *Tawaijar*[42], os seus contrários; o que quer dizer *inimigo*. Os portugueses sofrem muitos danos deles e ainda hoje ficam-lhe receosos.

# XV

## *Como se chama o lugar de onde lhes vem a maior perseguição e como está situado*

A 5 milhas de São Vincente há um lugar denominado *Brikioka*[43], onde os inimigos selvagens primeiro chegam, para daí seguirem por entre uma ilha chamada *Santo Maro*[44] e a terra firme.

Para impedir esse caminho aos índios, havia uns irmãos mamelucos, oriundos de pai português e de mãe brasileira, todos cristãos e tão versados na língua dos cristãos, como na dos selvagens. O mais velho se chamava Johan de Praga [João de Braga]; o segundo, Diego de Praga [Diogo de Braga]; o terceiro, Domingo de Praga [Domingos de Braga]; o quarto, Francisco de Praga [Francisco de Braga]; o quinto, Andréa de Praga [André de Braga], e o pai se chamava Diego de Praga [Diogo de Braga].

Cerca de dois anos antes da minha vinda, os cinco irmãos tinham decidido, com alguns índios amigos, edificar ali uma casa forte para deter os contrários, o que já tinham executado.

A eles se ajuntaram mais alguns portugueses, seus agregados, porque era a terra boa. Os inimigos Tuppin-Inbás, logo que descobriram isso, se prepararam na sua terra, distante dali cerca de 25 milhas, e vieram uma noite com 70 canoas, e como de seu costume, atacaram de madrugada. Os mamelucos e os portugueses correram para uma casa, que tinham feito de pau a pique, e aí se defenderam. Os outros selvagens fugiram para suas casas e resistiram o quanto puderam. Assim morreram muitos inimigos. Mas, por fim, venceram estes e incendiaram o sítio de Brikioka; capturaram todos os selvagens, mas aos cristãos, que eram uns oito mais ou menos, e aos mamelucos nada puderam fazer porque Deus quis salvá-los. Os outros selvagens, porém, que tinham capturado, eles os esquartejaram e repartiram entre si, depois do que voltaram para sua terra.

# XVI

### *Como os portugueses reedificaram Brikioka e depois fizeram uma casa forte na Ilha Santo Maro*

Depois disso pensaram as autoridades e o povo que era bom não abandonar aquele lugar, mas que cumpria fortificá-lo, pois que daquele ponto todo o país podia ser defendido. E assim o fizeram.

Quando os inimigos perceberam que o lugar lhes oferecia grande dificuldade de ataque, vieram de noite, mas por água, e aprisionaram quantos encontraram em São Vincente. Os que moravam mais longe pensavam não correr perigo, visto existir uma casa forte na vizinhança, pelo que sofreram muito.

Por causa disso, deliberaram os moradores edificar outra casa ao pé da água, e bem defronte a Brikioka, e aí colocar canhões e gente para impedir os selvagens. Assim tinham começado um forte na ilha; mas não o tinham acabado, por falta de artilheiro português que se arriscasse a morar ali.

Fui ver o lugar. Quando os moradores soube-ram que eu era alemão e que entendia de artilharia, pediram-me para ficar no forte e ajudá-los a vigiar o inimigo. Prometiam dar-me companheiros e um bom soldo. Diziam também que se eu o fizesse, seria estimado pelo rei, porque este costumava ver com bons olhos aqueles que, em terras assim novas, con-tribuíam com seu auxilio e seus conselhos.

Contratei com eles para servir quatro meses na casa, depois do que um oficial devia vir por parte do rei, trazendo navios, e edificar ali um forte de pedra, para maior segurança; o que foi feito. A maior parte do tempo estive no forte com mais três, e tinha algu-mas peças comigo, mas estava sempre em perigo dos selvagens, porque a casa não estava bem segura. Era necessário estar alerta para que os selvagens não nos surpreendessem durante a noite, o que várias vezes tentaram; porém, Deus sempre nos ajudou, e sempre os percebemos.

Depois de alguns meses, chegou um oficial por parte do rei, pois que lhe tinham escrito quão gran-de era o atrevimento dos selvagens e o mal que os mesmos lhe faziam. Também tinham escrito quão bela era essa terra e não ser prudente abandoná-la. Para então melhorar essas condições, veio o Gover-nador Tome de Susse [Thomé de Souza] para ver o país e o lugar que queriam fortificar.

Contaram-lhe também os serviços que eu tinha prestado; e que eu tinha ficado na casa forte onde, aliás, nenhum português queria permanecer, por es-tar muito maldefendida.

Isso o agradou muito e ele disse que ia falar com o rei a meu respeito, se Deus lhe permitisse voltar para Portugal, com o que eu havia de aproveitar.

Acabou, porém, o tempo de meu serviço, que era de quatro meses, e pedi licença. O governador, com todo o povo, pediu-me para ficar por mais algum tempo. Respondi que sim, e que ficava ainda por dois anos; e quando acabasse este tempo, tinham de deixar-me voltar no primeiro navio para Portugal, onde o rei havia de recompensar os meus serviços. Para esse fim, deu-me o governador, por parte do rei, as minhas *privilegia* [patentes], como é de costume dar aos artilheiros reais que as pedem. Fizeram a casa de pedras, puseram dentro alguns canhões e me ordenaram para que zelasse bem da casa e das armas.

# XVII

### *Como e por que motivo tínhamos de observar os inimigos mais numa época do ano do que em outra*

Era necessário estar mais alerta em duas épocas do ano do que no resto, quando os inimigos tratavam especialmente de invadir com forças o país. E essas duas épocas eram: primeiro, no mês de novembro, quando umas frutas de nome *Abbati*[45] amadureciam, e das quais preparavam uma bebida chamada *Kaa wy*[46]. Além desta, há também uma raiz denominada *mandioka*, que misturam com o *Abbati*, quando maduro, para fazer a sua bebida. Quando voltam de uma guerra, querem ter os abbatis para fabricarem essa bebida, que é para quando comem os inimigos, se tiverem capturado algum, e durante o ano inteiro esperam com impaciência o tempo dos abbatis.

Também em agosto devíamos esperá-los, porque nesse tempo vão à caça de uma espécie de peixe, que então saem do mar para água-doce, onde desovam. Eles chamam esses peixes, em sua língua, de *Bratti*[47] [parati] e os espanhóis lhes dão o nome de *Lysses*. Nesse tempo costumam sair para o combate, com o fim de ter também mais abundância de comida. Os tais peixes, eles apanham com pequenas redes ou os matam com flechas, e levam-nos fritos consigo, em grande quantidade; também fazem deles uma farinha, a qual chamam de *Pira-Kuí*[48].

# XVIII

### *Como fui aprisionado pelos selvagens e como isso aconteceu*

Tinha comigo um selvagem de uma tribo denominada Cariós, que era meu escravo. Ele caçava para mim e, às vezes, fui com ele ao mato.

Aconteceu, porém, uma vez que um espanhol da ilha São Vincente veio me visitar na ilha de Santo Maro, que fica a cerca de cinco milhas, e mais um alemão de nome Heliodorus Hessus, filho de Eobanus, falecido. Este morava na ilha de São Vincente, num *ingenio*[49], onde se fabricava açúcar. Esse ingenio pertencia a um genovês que se chamava *Josepe Ornio*[50] [Giuseppe Adorno], e o Heliodorus era caxeiro e gerente do negociante, dono do ingenio (*ingenio* são casas onde se fabrica açúcar). Já conhecia este Heliodorus, porque quando naufraguei com os espanhóis, ele estava com a gente que encontramos em São Vincente e ficou desde então meu amigo. Ele veio para ver-me, pois tinha sabido que talvez eu estava doente.

No dia anterior eu tinha mandado o meu escravo para o mato para procurar caça, e queria ir buscá-la no dia seguinte para ter alguma coisa que comer, pois naquele país não há muita coisa mais, além do que há no mato.

Quando eu ia pelo mato ouvi dos dois lados do caminho uma grande gritaria, como costumam fazer os selvagens, e avançando para o meu lado. Reconheci então que tinham me cercado; apontavam as flechas sobre mim e atiravam. Exclamei: *Valha-me Deus!* Mal tinha pronunciado estas palavras quando me estenderam por terra, atirando sobre mim e picando-me com as lanças. Mas não me feriram mais (graças a Deus) do que em uma perna, despindo-me completamente. Um tirou-me a gravata, outro o chapéu, o terceiro a camisa etc., e começavam a disputar a minha posse, dizendo um que tinha sido o primeiro a chegar a mim, e o outro, que tinha me aprisionado. Enquanto isso se dava, bateram-me os outros com os arcos. Finalmente, dois levantaram-me, nu como estava, pegando-me um em um braço e o outro no outro, com muitos atrás de mim, e assim correram comigo pelo mato até o mar, onde tinham suas canoas. Chegando ao mar vi, à distância de um tiro de pedra, uma ou duas canoas suas, que tinham tirado para terra, por baixo de uma moita e com uma porção deles ao redor. Quando me avistaram, trazido pelos outros, correram ao nosso encontro, enfeitados com plumas, como era costume, mordendo os braços, fazendo-me com isso compreender que me queriam devorar. Diante de mim ia um rei com o bastão que serve para matar os prisioneiros. Fez um discurso e contou como tinham me capturado e feito seu escravo o *perot*[51] (assim chamam aos portugueses), querendo vingar em mim a morte de seus amigos. E ao me levarem até as canoas, alguns me davam bofetadas. Apressaram-se então em arrastar as canoas para a água, de medo que em Brikioka já estivessem alarmados, como de fato estavam.

Antes, porém, de arrastarem as canoas para a água, manietaram-me, e, como não eram todos do mesmo lugar, cada aldeia ficou zangada por voltar sem nada e disputavam com aqueles que me detinham. Uns diziam que tinham estado tão perto de mim como os outros, e queriam também ter sua parte, propondo matar-me imediatamente.

Eu orava e esperava o golpe; porém, o rei, que me queria possuir, disse que desejava levar-me vivo para casa, para que as mulheres me vissem e se divertissem à minha custa, depois do que me mataria e *Kawewi pepicke*[52]; isto é, queriam fabricar a sua bebida, reunir-se para uma festa e me devorar conjuntamente. Assim me deixaram e me amarraram quatro cordas ao pescoço, fazendo-me entrar numa canoa enquanto ainda estavam em terra. Amarraram as pontas das cordas na canoa, que arrastaram para a água para voltar para a aldeia.

# XIX

### *Como queriam voltar e os nossos chegaram para me reclamar, e como voltaram para eles e combateram*

Ao pé da ilha, na qual fui aprisionado, há uma outra ilha pequena, onde se aninham uns pássaros marítimos de nome *Uwara*[53], que têm penas vermelhas. Perguntaram-me os índios se os seus inimigos Tuppin Ikins tinham estado lá naquele ano, para apanharem os pássaros e os filhotes. Disse-lhes que sim, mas quiseram ver eles mesmos, pois estimam muito as penas daqueles pássaros, porque todos os seus enfeites são geralmente de penas. A particularidade desse pássaro é que suas primeiras penas são pardacentas, ficando pretas quando começam a voar, tornando-se depois encarnadas, como tinta vermelha. Foram então para a ilha, pensando encontrar aí os pássaros. Quando tinham chegado a cerca de dez tiros de espingarda do lugar onde tinham deixado as canoas, voltaram-se e avistaram um bando de Tuppin Ikin e alguns portugueses entre eles, porque um escravo que me tinha acompanhado, quando fui agarrado, escapara e dera alarme quando me prenderam. Pensavam vir livrar-me e gritaram para os que me capturaram que viessem combater, se tinham coragem. Voltaram então com a canoa para os que estavam em terra, e estes atiraram com *sarabatanas*[54] e flechas, e os da canoa responderam; desataram as minhas mãos, mas as cordas do meu pescoço continuavam fortemente atadas.

O *rei*[55], que estava comigo na canoa, tinha uma espingarda e um pouco de pólvora, que um francês lhe dera em troca de pau-brasil. Ordenou-me que atirasse sobre os que estavam em terra.

Depois de terem combatido um pouco, ficaram com medo de que os outros tivessem canoas para os perseguir, pelo que fugiram. Três deles tinham sido feridos. Passaram a cerca de um tiro de falconete[56] de Brikioka, onde eu costumava estar, e quando passamos defronte fizeram-me ficar em pé, para que meus companheiros me vissem. Do forte dispararam dois grandes tiros; porém, nos não alcançaram.

Enquanto isso, saíram algumas canoas de Brikioka para nos alcançar, mas os selvagens fugiram depressa, e vendo os amigos que nada podiam fazer, voltaram.

# XX

### *O que se passou na viagem para a terra deles*

Como havia mais ou menos sete milhas de caminho de Brikioka à terra deles, seriam, conforme a posição do sol, cerca de 4 horas da tarde desse mesmo dia quando me capturaram.

Foram a uma ilha e puxaram as canoas para a terra, pretendendo ficar aí essa noite, e me tiraram da canoa. Uma vez em terra, nada podia enxergar porque tinham me ferido na cara, nem podia andar por causa da ferida na perna, pelo que fiquei deitado sobre a areia. Cercaram-me com ameaças de me devorar.

Estando nesta grande aflição, pensava no que nunca tinha cogitado neste vale de lagrimas, onde vivemos. Com os olhos banhados em pranto, comecei a cantar do fundo do meu coração o Salmo: "A ti imploro meu Deus, no meu pesar etc." Os selvagens diziam então: "Vede como ele chora, ouvi como se lamenta".

Parecia-lhes, no entanto, que não era prudente ficarem na ilha durante a noite, e embarcaram de novo, para ir à terra firme, onde estavam umas cabanas que antes tinham levantado. Quando chegamos, era alta noite. Acenderam então fogueiras e conduziram-me para lá. Aí tive de dormir numa rede, que na língua deles se chamava *Inni* – é a cama deles – e que amarram a dois paus acima do chão, ou, quando estão no mato, a duas árvores. As cordas que eu tinha ao pescoço foram amarradas por cima numa árvore e se deitaram em roda de mim, caçoando de mim e me chamando *Schere inbau ende*[57]: Tu és meu bicho amarrado.

Antes de raiar o dia saíram de novo, remaram todo o dia e quando o sol descambou no horizonte faltavam-lhes ainda duas milhas para chegar ao lugar onde queriam pousar. Levantou-se então grande nuvem negra por trás de nós; tão medonha, que os obrigou a remar com toda a pressa para alcançar a terra, por causa do vento e dos bulcões.

Quando viram que já não podiam escapar, disseram-me: *Ne mungitta dee, Tuppan do Quabe, amanasu y an des Imme Ranni me sisse*[58], o que quer dizer: "Pede a teu Deus, que a grande chuva e vento não nos façam mal". Calei-me, fiz a minha oração a Deus, como pediram, e disse: "Ó Tu, Deus onipotente, que tens o poder na terra e no céu; Tu que do começo auxiliaste aqueles que imploram o teu nome e que os escutaste, mostra a tua clemência a estes pagãos, para que eu saiba que Tu ainda estás comigo e para que os selvagens, que te não conhecem, possam ver que Tu, meu Deus, ouviste a minha oração".

Estava deitado na canoa e amarrado, de modo que não podia ver o tempo, mas eles voltavam-se continuamente para trás e começavam a dizer: "*O qua moa amonassu*"[59], o que quer dizer: "A grande tempestade fica para trás". Ergui-me então um pouco, olhei para trás e vi que a grande nuvem se dissipava. Agradeci então a Deus.

Chegando em terra, fizeram comigo como antes; amarraram-me a uma árvore e deitaram-se ao redor de mim, dizendo que estávamos agora perto da terra deles, onde chegaríamos no dia seguinte à tarde, o que muito pouco me alegrou.

# XXI

## *Como me trataram de dia, quando me levaram às suas casas*

No mesmo dia, a julgar pelo sol, devia ser pela Ave-Maria, mais ou menos, quando chegamos às suas casas; havia já três dias que estávamos viajando. E até o lugar onde me levaram, contavam-se trinta milhas de *Brickioka*[60], onde eu tinha sido aprisionado.

Ao chegarmos perto das suas moradas, vimos que era uma aldeia com sete casas e se chamava *Uwattibi*[61]. Entramos numa praia que vai abeirando o mar e ali perto estavam as suas mulheres numa plantação de raízes, a que chamam mandioca. Na mesma plantação havia muitas mulheres que arrancavam dessas raízes, e fui obrigado então a gritar-lhes na sua língua: "*A Junesche been ermi vramme*[62]; isto é: "Eu, vossa comida, cheguei".

Uma vez em terra, correram todos das casas (que estavam situadas num morro), moços e velhos, para me verem. Os homens iam com flechas e arcos para as suas casas e me recomendaram às mulheres que me levassem consigo, indo algumas adiante, outras atrás de mim. Cantavam e dançavam uníssonos os cantos que costumam, como canta sua gente quando está para devorar alguém.

Assim me levaram até a Ywara[63], diante de suas casas – isto é, à sua fortificação –, feita de grossas e compridas achas de madeira, como uma cerca ao redor de um jardim. Isto serve contra os inimigos. Quando entrei, correram as mulheres ao meu encontro e me deram bofetadas, arrancando a minha barba e falando em sua língua: "*Sche innamme pepike a e*"[64], o que quer dizer: "Vingo em ti o golpe que matou o meu amigo, o qual foi morto por aqueles entre os quais tu estiveste".

Conduziram-me, depois, para dentro de casa, onde fui obrigado a deitar em uma *inni*. Voltaram as mulheres e continuaram a me bater e maltratar, ameaçando me devorar.

Enquanto isto, ficavam os homens reunidos em uma cabana e bebiam o seu *Kawi*, tendo consigo os seus deuses, que se chamam *Tammerka*[65], em cuja honra cantavam, por terem profetizado que me haviam de prender.

Tal canto ouvi durante uma meia hora e não apareceu um só homem; somente mulheres e crianças estavam comigo.

# XXII

### *Como os meus dois amos vieram a mim e me disseram que tinham me dado a um amigo, que me devia guardar e matar quando quisessem me comer*

Eu ainda não conhecia os seus costumes, tão bem como depois, e pensava que se preparavam para me matar. Logo depois vieram os dois que me capturaram, um de nome *Ieppipo Wasu* e seu irmão *Alkindar Miri*[66], e me contaram como tinham me dado ao irmão de seu pai, *Ipperu Wasu*[67], por amizade. Este me devia conservar e matar quando me quisessem comer, e assim ganhar um nome à minha custa.

Como este mesmo Ipperu Wasu tinha capturado um escravo, havia um ano, e por amizade dele fizera presente a Alkindar Miri, este o matou e ganhou com isso um nome. Alkindar Miri tinha então prometido a Ipperu Wasu de fazer presente a ele do primeiro que capturasse. Este era eu.

Os dois que me capturaram disseram-me mais: "Agora, as mulheres te levarão para fora, *Aprasse*"[68]. Não compreendi esta palavra, que quer dizer *dançar*. Puxaram-me para fora, pelas cordas que ainda tinha ao pescoço, até a praça. Vieram todas as mulheres que havia nas sete cabanas e me levaram, e os homens foram embora. Umas pegaram-me nos braços, outras nas cordas que tinha ao pescoço, de forma que quase não podia respirar. Assim me levaram; eu não sabia o que queriam fazer de mim e me lembrava do sofrimento de nosso redentor Jesus Cristo, quando era maltratado inocentemente pelos infames judeus. Por isso, consolei-me e me tornei paciente. Conduziram-me até a cabana do rei, que se chamava *Uratinge Wasu*[69], que quer dizer na minha língua "o grande pássaro branco". Diante da cabana do rei havia um monte de terra fresca, e ali me assentaram, enquanto algumas mulheres me seguravam. Pensei então que queriam matar-me, e procurava com os olhos o *Iwera Pemme*[70], instrumento com que matam gente, e perguntei se já queriam me matar. Não me responderam, mas veio uma mulher que tinha um pedaço de cristal em uma coisa que parecia um pau arcado, cortou-me com este cristal as pestanas dos olhos e queria cortar-me também a barba. Mas isso não quis suportar e disse que me matassem com barba e tudo. Disseram então que ainda não queriam me matar e me deixaram a barba. Porém, alguns dias depois, a cortaram com uma tesoura que os franceses lhes tinham dado.

# XXIII

## Como dançaram comigo diante das cabanas nas quais guardam seus ídolos "Tammerka"

Depois conduziram-me do lugar onde me cortaram as pestanas para as cabanas, onde guardavam os seus *Tammerka*, ou ídolos. Formaram um círculo ao redor de mim, ficando eu no centro com duas mulheres; amarraram-me numa perna umas coisas que chocalhavam e na nuca colocaram-me uma outra coisa, feita de penas de pássaros, que excedia a cabeça e que se chama na língua deles *Arasoya*[71]. Depois começaram as mulheres a cantarem e, conforme um som dado, tinha eu de bater no chão com o pé, em que estavam atados os chocalhos, para chocalhar em acompanhamento do canto. A perna ferida me doía tanto, que eu mal podia conservar-me de pé, pois a ferida ainda não estava curada.

# XXIV

### *Como depois da dança me entregaram a Ipperu Wasu, que devia me matar*

Acabada a dança, fui entregue a Ipperu Wasu. Ali estava muito bem-guardado. Tinha ainda algum tempo para viver. Trouxeram todos os ídolos que havia nas cabanas e colocaram ao redor de mim, dizendo que eles tinham profetizado a captura de um português. Então eu disse: "Estas coisas não têm poder, nem podem falar, e é falso que eu seja português. Sou amigo e parente dos franceses e a terra de onde eu sou chama-se Alemanha". Responderam-me que isso devia ser mentira, porque se eu fosse amigo dos franceses nada tinha que fazer entre os portugueses; pois sabiam bem que os franceses eram tão inimigos dos portugueses como eles mesmos. Os franceses vinham todos os anos com embarcações e lhes traziam facas, machados, espelhos, pentes e tesouras; e eles lhes davam em troca pau-prasil, algodão e outras mercadorias, como enfeites de penas e pimenta. Por isso, eram eles seus amigos; os portugueses, assim nunca fizeram. Tinham vindo os portugueses há muitos anos a esta terra, e tinham, no lugar onde ainda moravam, contraído amizade com os seus inimigos. Depois, tinham-se dirigido, eles também, aos portugueses para negociar, e de boa-fé foram aos seus navios e entraram neles, tal como faziam ainda hoje com os franceses; mas quando os portugueses viram que havia bom número nos navios, os atacaram, amarraram e entregaram aos seus inimigos, que os mataram e devoraram. Alguns também tinham sido mortos a tiro, e muitos sofreram outras crueldades mais. Diziam que os portugueses tinham assim praticado porque vieram guerrear com seus inimigos.

# XXV

### *Como os que me capturaram estavam zangados e se queixavam de que os portugueses mataram a tiro seu pai, que eles queriam vingar em mim*

E diziam mais, que os portugueses tinham atirado no braço do pai dos dois irmãos que me capturaram, do que ele veio a falecer; e essa morte do pai queriam vingar em mim. Eu repliquei que não deviam vingar-se em mim, porque eu não era português e tinha vindo, havia pouco, com os castelhanos; que eu tinha naufragado e por isso tinha lá ficado.

Entre os índios havia um moço que tinha sido escravo dos portugueses. Os selvagens, que moravam com os portugueses, tinham ido guerrear os Tuppin-Inba e tomado uma aldeia inteira. Os velhos foram comidos e os moços foram trocados por mercadorias com os portugueses. Esse moço era um dos que tinham sido vendidos e ficara perto de Brickioka com o seu senhor, que se chamava Antonio Agudin, um galego.

A este mesmo escravo tinham capturado uns três meses antes da minha captura.

Como era da mesma raça que eles, não o mataram. Ele me conhecia. Perguntaram-lhe quem eu era. Ele então disse que era verdade; que um barco tinha naufragado e os homens que nele havia chamavam-se castelhanos e eram amigos dos portugueses. Com eles estava eu, e nada mais sabia ele de mim.

Ouvindo agora como também antes que havia franceses entre eles e que costumavam vir embarcados, insisti no que tinha dito e continuei: "que eu era amigo e parente dos franceses, que não me matassem, até que os franceses viessem e me reconhecessem". Guardaram-me então muito bem, porque havia ali alguns franceses que os navios tinham deixado para carregar pimenta.

# XXVI

### *Como um francês, que os navios deixaram entre os selvagens, chegou para me ver e lhes recomendou que me devorassem, porque eu era português*

Havia um francês a quatro milhas de distância do lugar das cabanas onde eu estava. Logo que soube da notícia, veio para uma das cabanas em frente daquela em que eu estava. Vieram então os selvagens me chamar: "Está aqui um francês, queremos ver agora se és francês ou não". Isto me alegrou, e disse comigo: "Ele é cristão, ele falará para o bem".

Conduziram-me nu à sua presença. Era moço e os selvagens o chamavam *Karwattuware*[72]. Falou-me em francês, mas eu não podia entendê-lo bem. Os selvagens estavam presentes e escutavam. Como eu lhe não podia responder, disse ele aos selvagens, na língua deles: "Matem-no e devorem-no, o scelerado é português legítimo, vosso e meu inimigo". Compreendi perfeitamente e pedi, por amor de Deus, que lhes dissesse que me não devorassem. Mas ele me disse: "Querem-te devorar". Lembrei-me então de Jr 17, onde diz: "Maldito seja o homem que nos outros homens confia". E com isso saí dali com grande pesar no coração. Nos ombros tinha um pedaço de pano de linho, que tinham me dado (onde o teriam adquirido?), tirei-o (o sol tinha me queimado muito) e o arremessei aos pés do francês, dizendo a mim mesmo: "Se tenho de morrer, para que então cuidar em proveito dos outros da minha carne?" Conduziram-me então outra vez à cabana, onde me guardaram. Deitei-me na rede, e Deus sabe quanto me considerava desgraçado. Comecei a me lamentar, cantando o Salmo: Roguem ao Espírito Santo / Que nos dê a verdadeira fé, / Que nos guarde até ao fim, / Quando sairmos desta triste vida / Kyrioleys[73].

Disseram, então: "É legítimo português, agora se lamenta e tem medo da morte".

O referido francês ficou dois dias nas cabanas, e no terceiro foi-se embora. Então determinaram que se fizessem os preparativos para me matarem no primeiro dia, depois de tudo arranjado. Guardaram-me muito bem e escarneceram de mim, tanto os moços como os velhos.

# XXVII

### *Como eu sentia fortes dores de dente*

Aconteceu que, enquanto eu estava reduzido a essa miséria (e como se costuma dizer, uma desgraça nunca vem só), um dente começou a doer tanto, que quase desanimei de todo. O meu senhor veio a mim e me perguntou por que comia tão pouco. Respondi que me doía um dente. Voltou então com um instrumento de madeira e quis extrair o dente. Disse-lhe que não doía mais, mas ele queria extraí-lo por força. Porém, opus-me tanto, que ele me deixou; mas disse que se eu não quisesse comer e engordar, eles me matariam antes do tempo. Deus sabe quantas vezes eu pedi de coração, que, se fosse de sua vontade, me deixasse morrer sem que os selvagens o soubessem, para que eles não satisfizessem o seu desejo em mim.

# XXVIII

### *Como me levaram ao seu rei supremo, chamado Konyan-Bebe, e o que ali fizeram comigo*

Alguns dias depois levaram-me para uma outra aldeia que eles chamam *Arirab*[74], para um rei de nome Konyan-Bebe[75], que era o principal rei de todos. Ali haviam se reunido mais alguns em uma grande festa, a modo deles, e queriam me ver, pelo que me mandaram buscar naquele dia.

Chegando perto das cabanas, ouvi um grande rumor de canto e de trombetas, e diante das cabanas havia umas quinze cabeças espetadas; eram de gente inimiga deles, chamada *Markayas*[76], e que tinha sido devorada. Quando me levaram para lá, disseram-me que as cabeças eram de seus inimigos e que estes se chamam Markayas. Fiquei com medo e pensei: "Assim farão comigo também!" Ao entrarmos nas cabanas, um dos meus guardas avançou e gritou com voz forte, para que todos o ouvissem: "*Aqui trago o escravo, o português,*" pensando que era coisa muito boa ter o inimigo em seu poder. E falou muitas coisas mais, como é de costume, conduzindo-me até onde estava o rei sentado, bebendo com os outros, e estando já embriagados pela bebida que fazem, chamada *Kawawy*. Fitaram-me desconfiados e perguntaram: "Vieste como nosso inimigo?" Respondi: "Vim, mas não sou vosso inimigo". Deram-me então a beber. Já tinha ouvido falar muito do Rei Konyan-Bebe, que devia ser um grande homem, um grande tirano, para comer carne humana. Fui direito a um deles, que eu pensava ser ele, e lhe falei tal como me vieram as palavras, na sua língua, e disse: "És tu Konyan-Bebe, vives tu ainda?" "Sim", disse ele, "eu vivo ainda". Então repliquei: "Tenho ouvido falar muito de ti e que és um valente homem". Com isso, levantou-se e, cheio de si, começou a passear. Ele trazia uma grande pedra verde atravessada nos lábios[77], como é costume deles. Fazem lamber rosários brancos de uma espécie de conchas, que é o seu enfeite. Um destes, tinha-o o rei ao pescoço, e era de mais de 6 braças de comprido. Por este enfeite, vi que ele era um dos mais nobres.

Tornou a se assentar e começou a me perguntar o que planejavam seus inimigos, os Tuppin-Ikins e os portugueses. E disse mais: "Por que queria eu atirar sobre ele, em Brickioka?" Porque lhe contaram que eu era artilheiro e atirava contra eles. Então respondi que os portugueses tinham me mandado e me obrigaram a isso. Então ele disse que eu também era português, porque o francês, que me havia visto e a quem ele chamava "seu filho", lhe dissera que eu não sabia a sua língua por ser português legítimo. Eu disse então: "Sim, é verdade; estive muito tempo fora daquela terra e tinha esquecido a língua". Ele replicou que já tinha ajudado a capturar e comer cinco portugueses, e que todos tinham mentido. Só me restava então consolar-me e recomendar-me à vontade de Deus, porque compreendi que devia morrer. Tornou então a me perguntar o que os portugueses diziam dele e se tinham muito medo dele. Eu respondi: "Sim, eles falam muito de ti e das grandes guerras que tu lhes costumas fazer; mas agora fortificam melhor Brickioka". "Sim, continuou ele, queria de vez em quando capturá-los", como me tinham capturado no mato.

Ainda mais, contei a ele: "Sim, teus verdadeiros inimigos são os Tuppin-Ikins que preparam 25 canoas para virem atacar o teu país", como realmente também aconteceu.

Enquanto ele me fazia perguntas, ficavam os outros em pé, escutando. Em suma, perguntou-me muito e falou muito. Regozijava-se dos muitos portugueses e dos selvagens, seus inimigos, que tinha morto. Enquanto isso se passava comigo, os que estavam bebendo na cabana acabaram com a bebida que ali havia; passaram então todos a uma outra cabana na qual continuaram a beber, e por isso terminou a minha conferência com o chefe.

Nas outras cabanas continuaram suas zombarias comigo, e o filho do rei atou-me as pernas em três lugares, obrigando-me a pular com os pés juntos. Riam-se disso e diziam: "*Aí vem a nossa comida pulando*". Perguntei ao meu senhor que me levara até aí se era para me matar aqui. Respondeu-me que não, mas que era costume tratar assim os escravos. Tiraram-me então as cordas das pernas e me beliscaram, rodeando-me e falando; um disse que o couro da cabeça era dele, outro que a barriga da perna lhe pertencia. Depois obrigaram-me a cantar, e cantei versos religiosos. Eles queriam que eu os traduzisse. Disse então que tinha cantado ao meu Deus.

Eles respondiam que meu Deus era excremento; isto é, na língua deles: *Teuire*[78]. Tais palavras me magoaram e eu pensava: "Ó Tu, Deus bondoso, como podes sofrer isto com paciência?" Quando, no dia seguinte, todos na aldeia já tinham me visto e descarregado todos os insultos sobre mim, Konyan-Bebe disse aos que me guardavam que tomassem muito sentido comigo.

Levaram-me então outra vez para fora, para voltar a Uwattibi, onde deviam me matar. Gritavam atrás de mim que logo viriam à cabana de meu senhor para deliberarem sobre minha morte e me devorarem, mas meu senhor me consolou dizendo-me que tão cedo eu não seria morto.

# XXIX

### *Como as 25 canoas dos Tuppin Ikins vieram, como eu tinha dito ao rei, para atacar as cabanas onde eu estava*

Enquanto isso, aconteceu que as 25 canoas dos selvagens, que eram amigos dos portugueses, como eu tinha dito, e estavam prontos para ir à guerra antes de eu ser preso, vieram uma manhã para atacarem as cabanas.

Quando os Tuppin-Ikins investiram contra as cabanas e começaram a atirar sobre elas, encheram-se de medo os de dentro e as mulheres queriam fugir. Então eu lhes disse: "Vós me tendes por português, vosso inimigo, dai-me um arco e flechas e deixa-me ir, quero ajudar-vos a defender as cabanas". Deram-me um arco e flechas. Eu gritava e atirava ao modo deles o melhor que podia, e lhes dizia que tivessem ânimo, não havia perigo. Minha intenção era de atravessar a cerca ao redor das cabanas e correr para os outros, pois eles me conheciam e sabiam que eu estava na aldeia. Mas, vendo os Tuppin-Ikins que nada podiam fazer, voltaram outra vez para suas canoas e foram embora. Quando eles já estavam bem longe, fui preso novamente.

# XXX

## *Como os chefes se reuniram de noite, ao luar*

Na tarde do dia em que os outros se foram, reuniram-se ao luar, na praça que fica entre as cabanas, e conferenciaram a respeito da época em que deviam me matar, e me conduziram para o meio deles, maltratando-me e fazendo zombaria de mim. Eu estava triste, olhei para a lua e pensei: "Oh, meu Deus e Senhor, ajuda-me nesta aflição, para que me veja livre". Perguntaram-me por que eu olhava para a lua. Então lhes respondi: "Vejo que ela está zangada", porque a figura que está na lua parecia-me tão terrível

(Deus me perdoe), que eu pensava que Deus e todas as criaturas deviam estar zangadas comigo. Perguntou-me então o rei, que queria me matar, o chamado Jeppipo Wasu, um dos chefes das cabanas: "Com quem está zangada a lua?" Respondi-lhe: *"Ela olha para tua cabana"*. Por causa dessas palavras ele começou a falar áspero comigo. Para contradizer isso, eu disse: "De certo não será com a tua cabana, ela está zangada com os escravos Cariós" (que também há uma raça que se chama assim). "Sim, disse ele, sobre eles que venha a desgraça". Ficou nisso e não pensei mais sobre essa conversa.

# XXXI

### Como os Tuppin Ikins incendiaram uma outra aldeia, chamada Mambukabe

No dia seguinte chegou a notícia de uma aldeia chamada *Mambukabe* [Mambucaba], que os Tuppin Ikins tinham atacado, quando saíram do lugar onde eu estava cativo; e os moradores tinham fugido, exceto um menino que eles cativaram, e depois foram incendiadas as cabanas. Então o Jeppipo Wasu (que tinha poder sobre mim e que muito me maltratava) foi para lá, porque eram seus amigos e parentes, e queria ajudá-los a fazer novas cabanas. Por isso, levou consigo todos os amigos de sua aldeia e teve a lembrança de levar a farinha de raízes [mandioca] para fazer a festa, e lá me devorarem. E quando ia embora ordenou àquele a quem tinha me entregado, chamado Ipperu Wasu, que me guardasse bem. Ficaram então fora mais de quinze dias, e lá prepararam tudo.

# XXXII

### *Como chegou um navio de Brickioka e perguntaram por mim; o que disseram a meu respeito*

Nesse ínterim chegou um navio dos portugueses de Brickioka, deitou âncora não longe do lugar em que eu estava cativo e disparou um tiro de peça[79], para que os selvagens ouvissem e viessem falar com eles.

Quando perceberam isto, disseram-me: "Aí vêm os teus amigos, os portugueses, e querem talvez saber se ainda vives ou te comprar". Então eu disse: *"Decerto é meu irmão"*, porque eu supunha que se o navio dos portugueses passasse por ali, perguntariam por mim. Para que os selvagens não pensassem que eu era português, disse-lhes que tinha um irmão que também era francês e estava com os portugueses. Mas não queriam acreditar que eu não era português, e foram tão perto do navio, que puderam chegar à fala. Os portugueses então perguntaram como eu passava. E eles responderam que não se importavam comigo. Quando eu vi o navio ir-se embora, sabe Deus o que fiquei pensando. Eles disseram entre si: "Temos mesmo o homem; já mandam navios atrás dele".

# XXXIII

**Como o irmão de Jeppipo Wasu chegou de Mambukabe e queixou-se a mim de que seu irmão, sua mãe e todos os outros estavam doentes, e pediu-me que eu fizesse com que meu Deus lhes desse outra vez a saúde**

Todos os dias eu esperava os outros que, como já disse, estavam fora preparando-se contra mim. Um dia depois ouvi alguém gritar na cabana do rei que estava ausente. Tive medo pensando que voltavam, porque é costume dos selvagens não se ausentarem mais de quatro dias. Quando voltam, seus amigos gritam de alegria. Não muito depois dessa gritaria, veio um deles ter comigo e me disse: "O irmão do teu senhor chegou e diz que os outros ficaram doentes". Fiquei alegre e pensei: "Aqui Deus quer fazer alguma coisa". Pouco tempo depois veio o irmão do meu senhor à cabana onde eu estava, assentou-se ao pé de mim, começou a se lamentar e a dizer que seu irmão, sua mãe e os filhos de seu irmão tinham todos caído doentes, e seu irmão o tinha mandado a mim para me dizer que eu devia fazer com que meu Deus lhes desse saúde, e acrescentou: "Meu irmão está pensando que teu Deus está zangado". Eu lhe disse que sim, que meu Deus estava zangado, porque eles queriam me devorar e tinham ido a Mambukabe para fazer os preparativos. E lhe disse mais: "Vós dizeis que eu sou português, e eu não o sou". E acrescentei: "Vai ter com teu irmão, para que ele volte à sua cabana e eu falarei a meu Deus para que ele fique bom". Então respondeu-me que o irmão estava muito doente, e não podia vir;

que ele sabia e tinha reparado que se eu quisesse, ele ficaria bom lá mesmo. Eu lhe respondi que ficaria tão bom que podia voltar para sua cabana, onde ele então havia de sarar completamente. Com isso, ele partiu com a resposta para Mambukabe, que fica a quatro léguas de Uwattibi, onde eu estava.

# XXXIV

### Como o Jeppipo Wasu voltou doente

Depois de alguns dias voltaram todos os doentes. Então o rei mandou me conduzir para a sua cabana e me disse como tinham todos ficado doentes e que eu bem o sabia, porque ele ainda se lembrava do que eu tinha dito: "*A lua estava zangada contra a sua cabana*". Quando ouvi estas palavras, pensei comigo: "Aconteceu pela providência de Deus que eu, na noite referida, tivesse falado da lua". Fiquei muito alegre e pensei: "Agora Deus está comigo".

Então lhe disse mais: *que era verdade, por ele querer me comer e eu não ser seu inimigo, e por isso lhe veio a desgraça.* Então ele disse *que nada me fariam se ele tornasse a se levantar.* Não sabia como melhor rogar a Deus. Disse comigo: "Se voltam outra vez à saude, matam-me assim mesmo; se morrem, então dirão os outros: "vamos matá-lo antes que aconteçam mais desgraças por causa dele", como já começavam a dizer. "Seja como Deus quiser." Ele [o rei] pediu-me muito para que ficassem bons. Andei em roda deles e lhes deitei a mão nas cabeças, como me pediram. Deus, porém, não o quis, e começaram a morrer. Morreu-lhes uma criança, depois morreu a mãe do rei, uma mulher velha, a qual queria fazer os potes nos quais pretendiam fabricar a bebida quando tivessem de me devorar.

Alguns dias depois morreu um irmão do rei, depois mais uma criança, e mais um irmão, que era aquele que tinha me dado a notícia quando tinham ficado doentes.

Vendo então que seus filhos, sua mãe e irmãos tinham morrido, ficou muito triste, e temendo que ele e mais as mulheres também morressem, pediu-me para rogar a meu Deus que não ficasse mais zangado e o deixasse viver. Eu o consolei como pude e disse que ele nada sofreria, e que não devia pensar em me devorar quando ficasse são. Respondeu-me que não e ordenou aos outros da sua cabana que não fizessem mais zombaria de mim nem ameaçassem de me devorar. Assim mesmo continuou ainda doente algum tempo; porém, ficou outra vez bom e também uma de suas mulheres, que estava doente. Mas, morreram mais ou menos oito de sua amizade, os quais me tinham feito muito mal. Havia ainda dois outros reis em duas cabanas; um, Vratinge Wasu; o outro, *Kenrimakui*[80]. Vratinge Wasu tinha sonhado que eu tinha vindo e lhe dissera que ele havia de morrer. De manhã ele veio ter comigo e se queixou. Eu disse que não, e que não havia perigo; mas que ele também não pensasse em me matar, nem que isto aconselhasse. Então ele disse que se aqueles que tinham me capturado não me matassem, ele não me faria mal, e ainda que me matassem, ele não comeria da minha carne.

Por sua vez, o outro rei, Kenrimakui, também tinha sonhado comigo; um sonho que muito o alarmou. Chamou-me à sua cabana, deu-me de comer e, depois, queixou-se a mim dizendo que tinha uma vez estado em guerra, onde capturara um português que ele matou com suas mãos e comeu dele tanto, que seu peito ainda doía por isso, e não queria comer mais ninguém. E tivera sonhos tão horríveis comigo, e pensava que também iria morrer. Eu lhe disse que não havia perigo se não comesse mais carne de gente.

Também as mulheres velhas de algumas cabanas, as que tinham me maltratado muito com beliscões, pancadas e ameaças de me devorar, chamaram-me então *Scheraeire*[81]; isto é, "meu filho, não me deixes morrer". "Se te tratamos assim, diziam, foi porque pensamos que eras português, e este nós detestamos. Também tivemos alguns portugueses que comemos; mas o Deus deles não ficava tão zangado como o teu; por isso, vemos agora que tu não podes ser português."

Assim, deixaram-me por algum tempo, porque não sabiam bem o que pensar de mim, se eu era português, ou se era francês. Disseram-me que se tinha barba vermelha, como os franceses, também tinham visto portugueses com igual barba, mas eles tinham geralmente barbas pretas.

Depois desse pânico, quando um dos meus senhores ficou bom, não falaram mais em me devorar; porém, guardaram-me tão bem como antes, e não queriam me deixar andar sozinho.

# XXXV

### *Como voltou o francês que tinha recomendado aos selvagens que me devorassem e eu lhe pedi que me levasse, mas os meus senhores não queriam me deixar*

O tal francês Karwattuware, do qual já falei, que se virou contra mim, como os selvagens que o acompanhavam e eram amigos dos franceses, veio para arranjar com os índios pimenta e uma espécie de penas[82].

Quando então estava de volta para o lugar onde os navios chegam, chamado *Mungu Wappe* e *Iterwenne*[83], ele tinha de passar por onde eu estava. À saída do francês, não duvidei que iam me devorar, como ele o tinha recomendado; e como esteve ausente algum tempo, não podia pensar que eu ainda estivesse vivo.

Chegando outra vez à cabana onde eu estava, falou comigo na língua dos selvagens; eu me agastei com ele porque me perguntou se eu ainda estava vivo. "Sim, respondi, graças a Deus, que me conservou por tanto tempo." Talvez ele tivesse ouvido dos selvagens como isso aconteceu, e o chamei para um lugar onde podíamos falar a sós, para que os selvagens não ouvissem o que eu lhe dizia. Aí lhe disse que ele bem podia ver que Deus tinha me poupado a vida; como também que eu não era português, mas alemão, e por causa do naufrágio dos espanhóis tinha chegado à terra dos portugueses; e pedi que contasse aos selvagens o que eu tinha dito a ele, que lhes dissesse que eu era amigo e parente dele, e que ele me levasse quando chegassem os navios. Porque eu tinha medo de que, se ele não o fizesse, os selvagens haviam de pensar que havia charlatanismo da minha parte e, uma vez zangados, me matariam.

Fiz-lhe uma admoestação, na língua dos selvagens, e lhe perguntei se não tinha um coração cristão no peito e se não se lembrava que depois desta vida havia uma outra, para ele ter recomendado que me matassem. Começou então a se arrepender e me disse que tinha julgado que eu era português, gente tão má, que quando os índios apanhavam algum nas províncias do Prasil, enforcavam-no logo; o que é verdade. Também me disse que eles, os franceses, tinham de respeitar os costumes dos selvagens, e faziam causa comum com eles porque eram inimigos tradicionais dos portugueses.

Conforme eu tinha pedido, ele contou aos selvagens que da primeira vez não me conhecera bem, mas que eu era da Alemanha e amigo deles, pelo que queria levar-me consigo quando chegassem os navios. Mas os meus senhores lhe responderam que não, que não me dariam a ninguém, só se viesse meu pai ou meu irmão, com um navio cheio de carga, como machados, espelhos, facas, pentes e tesouras, acrescentando que eles me acharam na terra dos inimigos e eu lhes pertencia.

Quando o francês ouviu isso, disse-me que estava convencido de que eles não me largariam. Pedi-lhe então, por amor de Deus, que me mandasse buscar para me levar à França no primeiro navio que chegasse. Isso ele me prometeu, e disse aos selvagens que me guardassem bem e que não me matassem, porque os meus amigos haviam de vir à minha procura, e foi embora.

Tendo partido o francês, perguntou-me um dos meus senhores, chamado Alkindar Miri (não o que estava doente), o que o Karwattuwara (que era o nome do francês, na língua dos selvagens) tinha me dado, se ele era meu patrício. Respondi que sim. *"Por que então*, dizia ele, *não te deu uma faca para tu me dares?"*, e ficou zangado. Mais tarde, uma vez restabelecidos, começaram de novo a murmurar a meu respeito e diziam que os franceses não valiam mais do que os portugueses. Comecei a ter medo de novo.

# XXXVI

## *Como devoraram um prisioneiro e me conduziram a esse espetáculo*

Aconteceu que alguns dias depois quiseram devorar um prisioneiro numa aldeia chamada *Tickquarippe*[84], cerca de seis milhas de distância do lugar onde me achava cativo. Alguns da cabana onde eu estava foram para lá e também me levaram. O escravo que eles iam comer era de uma nação chamada *Marckaya*. Fomos para lá em uma canoa.

Quando chegou o momento de se embriagarem, como é seu costume, quando devoram alguma vítima, fazem de uma raiz uma bebida que chamam *Kawi*; bebem-na toda e matam o prisioneiro. Na noite seguinte, ao beberem à morte do homem, cheguei-me para a vítima e lhe perguntei: "Estás pronto para morrer?" Riu-se e me respondeu: "Sim". A corda com que amarram os prisioneiros, *mussurana*, é de algodão e mais grossa do que um dedo. "*Sim*, disse ele, *estou pronto para tudo*". Somente a mussurana não era bem comprida (faltavam-lhe cerca de seis braças). "*Sim, nós temos melhores cordas*", disse ele, assim como quem vai a uma feira.

Eu tinha comigo um livro, em língua portuguesa, que os selvagens tiraram de um navio que aprisionaram com o auxílio dos franceses; fizeram-me presente desse livro.

Deixei o prisioneiro e li o livro, e tive muito dó dele. Voltei a ter com ele (porque os portugueses têm estes *markayas* por amigos) e lhe disse: "Eu também sou prisioneiro como tu e não vim aqui para devorar a tua carne; foram os outros que me trouxeram". Então respondeu que sabia bem que a nossa gente não come carne humana.

Disse-lhe mais, que não se afligisse porque, se lhe comiam a carne, sua alma ia para um outro lugar, aonde vão também as almas da nossa gente, e ali há muita alegria. Então perguntou-me se isso era verdade. Eu respondi que sim, e ele me disse que nunca vira Deus. Respondi que na outra vida havia de vê-lo; e quando acabei de lhe falar, deixei-o.

Na mesma noite em que falei com ele levantou-se um forte vento, soprando tão horrorosamente, que tirava pedaços das cobertas das casas. Os selvagens zangaram-se então comigo, e disseram na sua língua: "*Apomeiren geuppawy wittu wasu Immou*[85] – isto é, "o maldito, o santo, fez agora vir o vento, porque olhou hoje no *couro da trovoada*" –, que era o livro que eu tinha. E eu alegrei-me com isso, porque o escravo era amigo dos portugueses e eu pensava que o mau tempo impedisse a festa. Orei, então, a Deus e Senhor, dizendo: "Se Tu me preservaste até agora, continua ainda porque estão zangados comigo".

# XXXVII

### *O que aconteceu na volta, depois de terem comido o prisioneiro*

Acabada a festa, voltamos outra vez para as nossas casas, e os meus senhores trouxeram consigo um pouco da carne assada. Gastamos três dias na volta, viagem que ordinariamente pode ser feita em um; mas ventava e chovia muito. No primeiro dia, à noite, ao fazermos ranchos no mato onde pousamos, disseram-me que eu fizesse acabar a chuva. Conosco vinha um menino, que trazia uma canela do prisioneiro, e nela havia ainda carne que ele comia. Eu disse ao menino que deitasse fora o osso. Zangaram-se então todos comigo e me disseram que isso é que era a sua verdadeira comida. Caminhamos durante três dias.

Já à distância de um quarto de milha das nossas casas, não pudemos mais avançar, porque as ondas cresceram muito. Arrastamos as canoas para terra, pensando que no dia seguinte faria bom tempo e poderíamos levar a canoa para casa; mas a tempestade continuava. Pensamos então em ir por terra e voltar a buscar a canoa quando fizesse bom tempo. Porém, antes de sairmos, eles e o menino comeram a carne do osso e depois o deitaram fora. Fomos por terra e logo depois o tempo ficou bom. "Ora muito bem", disse eu, "não me queríeis acreditar quando eu disse que o meu Deus estava zangado porque o menino estava comendo a carne do osso?" "Sim", responderam-me; mas "se ele a tivesse comido sem eu ver, o tempo teria continuado bom." E nisto ficamos.

De regresso outra vez às cabanas, um dos que tinham parte em mim, chamado Alkindar, perguntou-me se eu agora tinha visto como tratavam os seus inimigos; respondi que me parecia horroroso que eles os devorassem; o fato de os matarem não era tão horrível. "Sim, disse ele, é o nosso costume, e assim também fazemos com os portugueses."

Esse Alkindar tinha muita aversão por mim e estimaria que tivesse me matado aquele que me dera a ele, porque, como já deveis ter lido, Ipperu Wasu lhe tinha dado um escravo para matar com o fim de ele ganhar mais um nome. Então Alkindar lhe prometera, por sua vez, fazer-lhe presente do primeiro inimigo que capturasse. Mas, como isso não se dera comigo, ele de bom grado o teria feito; porém o irmão lhe impedia, por medo de que lhe acontecesse alguma desgraça.

Por isso, esse mesmo Alkindar, antes que os outros me tivessem levado ao lugar onde tinham devorado aquele outro, havia me ameaçado de morte. Mas, voltando agora, e na minha ausência, ele tinha ficado com dor de olhos, que o obrigou a ficar em repouso e não enxergar por algum tempo; disse-me que eu falasse a meu Deus para que os seus olhos sarassem. Eu disse que sim, mas que ele depois não fosse mau para comigo. Disse-me ele que não. Alguns dias depois estava restabelecido.

Quando o dia nasceu, tornou-se bonito o tempo, e eles beberam e alegraram-se muito. Então fui ter com um prisioneiro e lhe disse: "O vento forte era o próprio Deus". No dia seguinte, comeram-no. O que se seguiu, vereis no capítulo seguinte.

# XXXVIII

### *Como outra vez um navio foi mandado pelos portugueses à minha procura*

Já no quinto mês da minha estada entre eles, chegou outra vez um navio da ilha de

São Vincente. Os portugueses têm o costume de ir à terra dos seus inimigos – porém, bem armados – a negociarem com eles. Dão-lhes facas e anzóis, por farinha de mandioca que os selvagens têm em muitos lugares, e de que os portugueses, com muitos escravos para as suas plantações de cana, precisam para o sustento dos mesmos[86]. Chegado o navio, vão os selvagens, reunidos ou a dois, nas canoas e entregam a mercadoria na maior distância possível. Depois, dizem o preço que querem por ela, o que os portugueses lhes dão; mas, enquanto os dois ficam ao pé do navio, estão à espera, ao longe, canoas cheias de gente e, uma vez acabados os negócios, investem muitas vezes e combatem com os portugueses, arremessando-lhes flechas e retirando-se em seguida.

Disparou o barco referido um tiro de peça, para que os selvagens soubessem que ele estava ali. Aproximaram dele. De bordo perguntaram por mim e se eu ainda estava vivo. Responderam que sim. Então pediram os portugueses para me ver, porque tinham um caixão cheio de mercadorias, que meu irmão, também francês, tinha mandado e estava com eles no barco.

No navio, com os portugueses, estava um francês, de nome Claudio Mirando, que antes tinha sido meu camarada; a este chamei-lhe "meu irmão", pois supunha que estivesse a bordo e perguntasse por mim, visto já ter feito essa viagem.

Voltaram do navio para a terra e me disseram que meu irmão tinha vindo, mais uma vez, com um caixão cheio de mercadorias, e queria muito me ver. Então, eu lhes disse: "Levai-me para lá, mas de longe, pois quero falar com meu irmão; os portugueses não nos entendem; quero lhe pedir que conte ao nosso pai, quando chegar a casa, e lhe peça que venha com muitas mercadorias para me buscar". Acharam que era bom assim, mas tinham medo de que os portugueses nos entendessem, pois estavam preparando uma grande guerra que queriam declarar para o mês de agosto, na vizinhança de Brickioka, onde fui capturado. Eu sabia bem de todos os seus planos, e por isso tinham medo de que eu falasse sozinho com eles [os portugueses]. Mas eu disse que não havia perigo, porque os portugueses não compreendiam a língua de meu irmão e a minha. Levaram-me então até cerca de um tiro de funda do navio e todo nu, como eu sempre andava entre eles. Chamei então os de bordo e lhes disse: "Deus e Senhor seja convosco, queridos irmãos. Que um só fale comigo e não deixe perceber que eu não sou francês". Então um chamado Johann Senchez, Boschkeyer [Biscaio], que eu bem conhecia, me disse: "Meu querido irmão, é por vossa causa que cá viemos com o barco, não sabendo se estáveis vivo ou morto, pois o primeiro barco não nos deu notícias vossas. Agora o Capitão Brascupas [Braz Cubas] em Sanctus [Santos] ordenou que deligenciássemos por saber se ainda estáveis vivo, e, quando o soubéssemos, que procurássemos ver se eles vos queriam vender; senão, que tentássemos capturar alguns para trocar por vós".

Respondi então: "Que Deus vos recompense eternamente, pois estou com muito receio, sem saber quais as intenções desta gente; já me teriam devorado se Deus não o tivesse impedido milagrosamente". Continuei, dizendo que eles não me venderiam; que não deixasse perceber que eu não era francês e, por amor de Deus, desse-me algumas mercadorias, facas e anzóis. Fez-se isto, e um índio foi então ao barco, em canoa, buscá-los.

Visto que os selvagens não me queriam deixar conversar por mais tempo, eu disse aos portugueses que se acautelassem bem, pois os de cá se preparavam para os atacar de novo na Brickioka. Responderam-me que os índios seus aliados também se preparavam e queriam atacar a aldeia, exatamente aquela onde eu estava, e que eu tivesse coragem porque Deus havia de levar tudo pelo melhor, pois, do contrário, como eu via, eles não podiam me auxiliar. "Sim, disse eu; porque é melhor que Deus me castigue nesta vida do que na outra, e rogai a Deus que me ajude a sair desta miséria".

Com isso me recomendei a Deus, o Senhor. Queriam falar ainda comigo, mas os selvagens não me consentiram ter mais conversa com eles e tornaram a levar-me para as cabanas.

Tomei então as facas e os anzóis, distribuí-os entre eles e lhes disse: "Tudo isto, meu irmão, o francês, me deu". Perguntaram-me o que tinha meu irmão conversado comigo. Respondi "que tinha aconselhado a meu irmão procurar escapar dos portugueses e voltar para a nossa terra, e que de lá trouxesse embarcações com muitas mercadorias para mim, pois sois bons e me tratais bem; o que desejo recompensar quando voltar o barco". Assim, eu sempre tinha o que pretextar, o que muito lhes agradou.

Depois disso, começaram a dizer entre si: "Ele, de certo, é francês; vamos, pois, tratá-lo melhor agora". Eu continuei a lhes dizer sempre: "Não há de demorar a vinda de um navio para buscar-me". Isto para que eles me tratassem bem. Daí em diante, levavam-me, às vezes, ao mato, onde havia o que fazer e me obrigavam a ajudá-los.

# XXXIX

### *Como eles tinham um prisioneiro que sempre me caluniava e que estimaria que me matassem, e como o mesmo foi morto e devorado em minha presença*

Havia entre eles um prisioneiro da nação que se chama Cariós, inimigos dos selvagens, mas amigos dos portugueses. O mesmo tinha pertencido aos portugueses, de quem tinha fugido. Aos que assim vêm a eles, não os matam, senão quando cometem algum crime grave; conservam-nos como propriedade sua e os obrigam a servi-los.

Esse Carió tinha estado três anos entre os Tuppin Inbá e contou que tinha me visto entre os portugueses e que eu tinha atirado por vezes contra os Tuppin Inbás quando iam à guerra.

Havia anos que os portugueses tinham morto a tiro um dos maiorais, e esse maioral, dizia o Carió, tinha sido eu que o atirara. E os instigava sempre, para que me matassem, porque eu era o inimigo verdadeiro; ele o tinha visto. Mentia, porém, em tudo isso, porquanto já havia três anos que estava entre eles e havia apenas um ano que eu tinha chegado a São Vincente, de onde ele tinha fugido. Orei a Deus para que me guardasse contra essas mentiras. Aconteceu então, no ano de 1554, mais ou menos no sexto mês depois que fiquei prisioneiro, cair doente o Carió, e o senhor dele me pediu que eu o tratasse para que ficasse bom e pudesse caçar, para termos o que comer, pois eu bem sabia que, quando ele trazia alguma coisa, também a dava para mim. Como, porém, me pareceu que ele não mais se curaria, desejava ele [o senhor] dá-lo a um amigo para que o matasse e ganhasse mais nome.

Assim, ele estava doente há uns nove ou dez dias. Esses selvagens guardam os dentes de um animal a que chamam *Backe* [paca]; amolam esses dentes, e onde quer que o sangue estanque, fazem com um desses dentes uma incisão na pele, e o sangue corre em tanta quantidade como quando aqui se corta a cabeça de alguém.

Tomei então um desses dentes e ver se abriria no paciente uma veia mediana. Mas nada consegui porque o dente estava muito cego. Rodeavam-me todos. Como, porém, me retirei vendo que nada valia, perguntaram-me se o doente ficava bom outra vez. Disse-lhes que nada tinha conseguido, pois o sangue não corria, como podiam ter visto. "Sim, replicaram; ele quer morrer, vamos pois matá-lo antes que morra."

Disse-lhes eu então: "Não, não o matem; talvez possa sarar ainda". Mas de nada valeu eu dizer. Levaram-no para frente da cabana do maioral Vratinge [*Uiratinga*] com dois a sustentá-lo, pois já estava tão desacordado que não percebia mais o que faziam com ele. Aproximou-se então aquele a quem tinha sido dado para matá-lo e lhe deu tão grande golpe na cabeça, que os miolos lhe saltaram. Deixaram-no assim diante da cabana e iam comê-lo. Então eu lhes disse que não o fizessem, porque era um homem doente e eles também poderiam adoecer. Ficaram sem saber o que fazer. Saiu então um deles da cabana onde eu morava, chamou as mulheres para que fizessem um fogo ao pé do morto e lhe cortou a cabeça, porque tinha um só olho e parecia tão feio da doença, que ele deitou fora a cabeça e esfolou o corpo sobre o fogo. Depois o esquartejou e dividiu com os outros, como é de seu costume, e o devoraram, exceto a cabeça e os intestinos, que lhes repugnavam, porque ele tinha estado doente.

Foi de uma para outra cabana. Em uma assaram os pés; em outra, as mãos; e na terceira, pedaços do corpo. Disse-lhes então como o Carió, que eles estavam assando e queriam devorar, tinha sempre me caluniado e dito que eu é que tinha matado alguns dos seus amigos, quando estive entre os portugueses; o que era mentira, pois ele nunca tinha me visto lá. "Sabeis que ele esteve entre vós alguns anos e nunca esteve doente; agora, porém, quando deu para mentir a meu respeito, meu Deus se irritou, o fez adoecer e meteu em vossas cabeças que o matásseis e o devorásseis. Assim é que meu Deus há de fazer com quantos malvados têm me feito mal, ou me fazem". Atemorizaram-se com estas palavras e isso agradeço a Deus todo poderoso, que, em tudo, mostrou-se tão forte e misericordioso para comigo.

Peço, por isso, ao leitor, que preste atenção ao meu escrito, não que eu tome este trabalho pelo vão desejo de escrever novidades; mas tão somente para mostrar o benefício de Deus.

Aproximou-se o tempo da guerra, que durante 3 meses eles vinham preparando. Sempre esperei que, quando saíssem, deixassem-me em casa com as mulheres, pois queria ver se, enquanto estivessem ausentes, podia fugir.

# XL

### *Como um navio francês chegou para negociar com os selvagens algodão e pau-prasil, para o qual navio eu queria ir, mas Deus não permitiu*

Cerca de oito dias antes da partida para a guerra, um navio francês tinha surgido a oito milhas dali, em um porto que os portugueses chamam Rio de Jenero e, na língua dos selvagens, *Iteronne*[87] [Niteroy]. Ali costumam os franceses carregar pau-prasil. Chegaram também à aldeia, onde eu estava, com o seu bote, e trocaram com os selvagens pimenta, macacos e papagaios[88]. Um dos que estavam no bote saltou em terra. Sabia a língua dos selvagens e se chamava Jacob. Negociou com eles e eu lhe pedi que me levasse para bordo. Mas meu senhor disse que não, pois não me deixaria ir assim, sem lhe darem mercadorias por mim. Pedi-lhes então que me levassem eles mesmos a bordo; lá, meus amigos lhes dariam, então, bastante mercadoria. Replicaram que estes não eram os meus verdadeiros amigos.

"Por que é então que estes chegados no bote não te deram uma camisa, apesar de tu andares nu? É que não fazem caso de ti" (como de fato era).
Mas respondi: "Se eu fosse ao barco grande,

eles me vestiriam". Disseram-me então que o navio não sairia tão cedo; primeiro tinham de ir à guerra, e quando voltassem é que haviam de me levar ao navio. O bote queria, pois, voltar, visto já estar ausente do navio uma noite. Quando então vi que o bote ia embora outra vez, pensei: "Ó Deus bondoso, se o navio sair agora e não me levar consigo, tenho de perecer entre esta gente, porque não é de confiança". Com esse pensamento saí da cabana e me dirigi para a água; quando viram isso, correram atrás de mim. Eu corri na frente e eles queriam me agarrar. Ao primeiro que se achegou a mim, bati até me largar, e toda a aldeia estava atrás de mim; assim mesmo escapei deles e nadei para o bote. Quando já estava para entrar no bote, os franceses não me consentiram e me disseram que se me levassem contra a vontade dos selvagens, estes se levantariam também contra eles e se tornariam seus inimigos. Voltei então triste, nadando para a terra, e disse comigo: "Vejo que é da vontade de Deus que eu ainda continue na desgraça. Mas se eu não tivesse procurado escapar, teria pensado depois que era isso por minha culpa".

Quando tornei à terra, ficaram alegres e disseram: "Não, ele volta". Fiquei então zangado e lhes disse: "Pensáveis que eu queria fugir? Eu fui ao bote dizer aos meus patrícios que se preparassem para, quando voltardes da guerra, e me levardes para lá, vos deem, em troca, muitas mercadorias". Isto lhes agradou e ficaram outra vez contentes.

# XLI

## Como os selvagens foram para a guerra e me levaram, e o que aconteceu nessa viagem

Quatro dias depois reuniram-se algumas canoas que queriam ir para a guerra, na aldeia onde eu estava. Aí chegou o chefe Konyan-Bebe, com os seus. Disse-me, então, o meu senhor, que me queria levar. Pedi-lhe que me deixasse em casa. E ele talvez o tivesse feito; mas Konyan-Bebe disse que me levassem. Não deixei transparecer que ia contrariado, para que pensassem que ia de bom grado e que eu não desejava fugir, uma vez na terra do inimigo, e tivessem assim menos cautela comigo. Era, com efeito, minha intenção, se me tivessem deixado em casa, fugir para o navio francês.

Mas, levaram-me. Tinham uma força de 38 canoas, e cada canoa tripulada com 18 [homens] mais ou menos[89], e alguns deles tinham tirado bons augúrios da guerra, consultando os seus ídolos em sonhos e outras superstições, como é seu costume, de modo que estavam bem dispostos. Sua intenção era se dirigirem à vizinhança de Brickioka, onde me capturaram, e, escondendo-se nas matas dos arredores, aprisionar todos os que lhes caíssem nas mãos.

Ao partirmos para a guerra, era o ano de 1554, cerca de 14 de agosto. Nesse mês (como já foi referido aqui), uma espécie de peixe, chamado em português *doynges* [tainha], em espanhol, *liesses*, e na língua dos selvagens *bratti* [parati], sai do mar para as águas-doces, a desovar. Os selvagens chamam a isso de *Zeitpirakaen*[90]. Neste tempo todos costumam ir para guerra, tanto seus inimigos como eles próprios, a apanharem peixes na viagem e comerem. Na ida vão muito devagar; mas na volta, com a maior pressa que podem.

Eu sempre esperava que os aliados dos portugueses também estivessem em viagem, pois também estavam sempre prontos para invadirem a terra dos outros, como antes os portugueses tinham me dito no barco.

Durante a viagem sempre me perguntavam sobre o meu palpite, se haviam de aprisionar alguém. Para não zangá-los, disse que sim; também disse que os inimigos haviam de nos encontrar. Uma noite, quando estávamos num lugar da costa chamado *Uwattibi*, apanhamos muitos dos peixes *bratti*, que são do tamanho de um lúcio; ventava muito de noite. Conversavam muito comigo, querendo saber de muita coisa. Disse-lhes que esse vento estava passando sobre muitos mortos. Uma porção de selvagens também se encontrava no mar, tendo entrado num rio chamado *Paraíbe*[91]. "Sim, disseram, estes atacaram os inimigos em terra, e muitos deles morreram" (como mais tarde se soube que tinha acontecido).

Quando chegamos à distância de um dia de viagem do lugar onde queriam executar o seu plano, arrancharam-se na mata, numa ilha que os portugueses chamam de São Sebastian, mas que os selvagens denominam *Meyenbipe*[92].

À noite, o chefe Konyan-Bebe, a chamado, passou pelo acampamento na mata, e disse que eram chegados agora perto da terra dos inimigos, e todos se lembrassem do sonho que acaso tivessem durante a noite, e que procurassem ter sonhos felizes. Acabada a arenga, começaram a dançar em honra de seus ídolos até alta noite e depois foram dormir. O meu senhor, ao deitar-se, recomendou-me que procurasse ter um bom sonho. Respondi-lhe que não me importava com sonhos, que são sempre falsos. Então ele insistiu: "Roga assim mesmo a teu Deus, para que aprisionemos inimigos".

Ao raiar do dia reuniram-se os chefes ao redor de uma panela de peixe frito, que comeram, contando os sonhos que mais lhes agradaram. Alguns dançaram em homenagem aos seus ídolos, e quiseram neste mesmo dia ir à terra dos seus inimigos, a um lugar chamado *Boywassukange* [Boisucanga], esperando aí até que anoitecesse.

Ao deixarmos o lugar onde tínhamos pernoitado, chamado *Meyenbipe*, perguntaram-me de novo o que eu pensava. Disse então, ao acaso, que em Boywassukange havíamos de encontrar os inimigos, e que tivessem coragem. E era minha intenção fugir deles no mesmo lugar Boywassukange, logo que chegássemos, porque de lá até onde tinham me capturado havia somente 6 léguas.

Quando perlongávamos a terra, avistamos por trás de uma ilha umas canoas que se dirigiam a nós. Gritaram então: "Aí vêm os nossos inimigos, os Tuppin Ikins". Quiseram, ainda assim, esconder-se com as suas canoas por detrás de um rochedo, para que nós passássemos sem vê-los. Mas foi debalde, nós os vimos e eles fugiram para a sua terra. Remamos com toda a força atrás deles, talvez umas quatro horas, e os alcançamos. Eram cinco canoas cheias, todas de Brickioka. Conheci a todos. Havia seis mamelucos em uma dessas canoas, e dois eram irmãos. Um se chamava Diego de Praga [Braga], e o outro Domingos de Praga [Braga]. Defenderam-se valentemente; um, com um tubo [espingarda], e o outro com um arco. Resistiram na sua canoa, durante duas horas, a trinta e tantas canoas nossas. Acabadas as suas flechas, os Tuppin Inbá os atacaram e os aprisionaram, e alguns foram logo mortos a tiro. Os dois irmãos não saíram feridos, mas dois dos seis mamelucos ficaram muito maltratados, bem como alguns dos Tuppin Ikin, entre os quais havia uma mulher.

# XLII

## *Como, na volta, trataram os prisioneiros*

Foi no mar, a duas boas léguas distante de terra, que foram capturados. Voltaram o mais depressa possível para terra e pernoitaram outra vez no mesmo lugar, onde já tinham estado. Chegamos a Meyenbipe à tarde, quando o sol estava entrando. Levaram então os prisioneiros para uma cabana; mas a muitos feridos desembarcaram e os mataram logo, cortando-os em pedaços e assaram a carne. Entre os que foram assados de noite havia dois mamelucos que eram cristãos. Um era português, filho de um capitão, e se chamava George Ferrero [Jorge Ferreira], cuja mãe era índia.

O outro se chamava Hieronymus; este ficou prisioneiro de um selvagem morador na mesma cabana em que eu estava e cujo nome era *Parwaa*[93]. Assou Hieronymus de noite, mais ou menos à distância de um passo do lugar onde eu estava deitado. Esse Hieronymus (Deus tenha a sua alma!) era parente consanguíneo de Diego Praga [Diogo Braga].

Nessa mesma noite, quando já acampados, fui à cabana em que guardavam os dois irmãos, para conversar com eles, pois tinham sido bons amigos meus em Brickioka, onde fui preso. Então perguntaram-me se teriam de ser devorados; respondi que isso entregassem à vontade do Pai celeste e de seu amado filho Jesus Cristo, o crucificado por nossos pecados, em cujo nome éramos batizados até à nossa morte. "Nele, disse eu, tenham fé, pois Ele é que tem me conservado tanto tempo entre os selvagens, e o que Deus todo poderoso fizer conosco, com isso devemos nos conformar."

Perguntaram-me, então, os dois irmãos, como ia o primo deles, Hieronymus; disse-lhes que fora assado ao fogo e que eu tinha visto já comerem um pedaço do filho de Ferrero. Então choraram. Consolei-os e disse que, de certo, sabiam que eu aqui estava havia já cerca de 8 meses e que Deus tinha me conservado. "Ele também fará o mesmo convosco; confiem nele", disse eu. "Sinto isso mais do que vós, porque sou de uma terra estranha e não estou acostumado aos horrores desta gente; mas vós nascestes aqui e aqui fostes criados." Responderam que eu tinha o coração endurecido por causa da minha própria desgraça, e por isso não os estranhava mais.

Estando assim a falar-lhes, chamaram-me os selvagens para minha cabana e me perguntaram que conversa comprida eu tinha tido com eles.

Senti muito ter de deixá-los, disse-lhes que se entregassem à vontade de Deus e que fossem vendo que misérias havia neste vale de lágrimas. Responderam-me que nunca tinham experimentado isso tanto como agora, e que se sentiam mais animados por eu estar em companhia deles. Saí então da sua cabana e atravessei todo o acampamento, a ver os prisioneiros. Andei assim sozinho e ninguém me guardava, de modo que, desta vez, podia bem ter fugido, pois estávamos numa ilha, chamada *Meyenbipe*, cerca de 10 léguas de caminho de Brikioka; mas deixei de o fazer por causa dos cristãos presos, dos quais ainda havia quatro vivos. Assim, refleti: "Se eu fugir, ficam zangados e os matam logo; talvez até Deus nos preserve". E assentei de ficar com eles para consolá-los, como realmente fiz. Ademais, os selvagens estavam muito contentes comigo, porque eu antes lhes anunciara, por acaso, que os inimigos viriam ao nosso encontro. E porque eu tinha adivinhado isso, disseram que eu era melhor profeta do que o *maraka*[94] deles.

# XLIII

## *Como dançavam com os seus inimigos, quando pernoitamos, no dia seguinte*

No dia seguinte, estávamos não longe da sua terra, ao pé de uma grande montanha, denominada *Occarasu*[95]. Aí acamparam para passar a noite. Fui então à cabana do chefe principal (chamado Konian Bebe) e lhe perguntei o que tencionava fazer dos mamelucos. Disse-me que seriam devorados e me proibiu de falar-lhes, pois estava muito zangado com eles; deviam ter ficado em casa, e não irem com seus inimigos em guerra contra ele. Pedi-lhe que os deixasse viver e os vendesse aos seus amigos, outra vez. Tornou a me dizer que seriam devorados.

E esse mesmo Konian Bebe tinha uma grande cesta cheia de carne humana diante de si e estava comendo uma perna, que ele fez chegar perto da minha boca, perguntando se eu também queria comer. Respondi que somente um animal irracional devora outro, como podia então um homem devorar outro homem? Cravou então os dentes na carne e disse: *"Jau ware sche"*[96] – que quer dizer: "Sou uma onça" – está gostoso! Com isso, retirei-me de sua presença.

Essa mesma noite ele ordenou que cada um levasse os seus prisioneiros para diante do mato, ao pé da água, num lugar limpo. Isto feito, reuniram-se, formando um grande círculo, e dentro ficaram os prisioneiros. Obrigaram-os a cantar e a chocalharem os ídolos *Tammaraka*. Mal os prisioneiros acabaram o canto, começaram, um após outro, a falar com arrogância: "Sim, saímos como costuma sair gente brava, para aprender a comer os nossos inimigos. Agora, vós vencestes e nos aprisionastes, mas não fazemos caso disso! Os valentes morrem na terra dos inimigos; a nossa é ainda grande; os nossos haverão de nos vingar em vós". "Sim – responderam os outros –, vós já acabastes a muitos dos nossos, por isso queremos nos vingar de vós."

Acabada essa disputa, levou cada um seu prisioneiro, outra vez, para o alojamento.

Três dias depois, partimos novamente para a terra deles; cada qual levou o seu prisioneiro para a sua casa. Os que eram de Uwattibi, onde eu estava, tinham capturado oito selvagens vivos e três mamelucos que eram cristãos, a saber: Diego e seu irmão, e mais um cristão chamado Antonio; este tinha sido aprisionado pelo filho do meu senhor. Mais dois mamelucos que eram cristãos foram levados assados para a casa, para serem devorados lá. Tínhamos levado onze dias de viagem, ida e volta.

# XLIV

***Como o navio francês ainda estava lá,
para o qual tinham me prometido levar
quando voltassem da guerra etc.,
como ficou referido***

Chegados outra vez à casa, pedi-lhes que me levassem para o navio francês, pois já tinha estado na guerra com eles e os tinha ajudado a capturar os seus inimigos, aos quais já deviam ter ouvido que eu não era nenhum português.

Disseram-me que sim, que iam levar-me; mas queriam primeiro descansar e comer o *mokaen* [moquem]; isto é, a carne assada dos dois cristãos.

# XLV

## *Como foi que comeram assado o primeiro dos dois cristãos, a saber: Jorge Ferrero, o filho do capitão português*

Havia um principal numa das cabanas, em frente da em que eu estava. Ele se chamava *Tatamiri*[97]; foi ele quem forneceu o assado e mandou fazer as bebidas, como era o costume deles. Reuniram-se então muitos para beber, cantar e folgar. No dia seguinte, depois de muito beberem, aqueceram outra vez a carne assada e a comeram. Mas a carne de Hieronymus estava ainda dentro de uma cesta, pendurada ao fumeiro, na cabana onde eu estava, havia mais de três semanas; estava tão seca como um pau por ter estado tanto tempo ao fumeiro sem que a comessem. O selvagem, que a possuía, chamava-se *Parwaa*. Tinha ido algures buscar raízes para fazer a bebida que havia de servir por ocasião de se comer a carne de Hieronymus. Assim se passava o tempo e não queriam levar-me para o navio antes de passada a festa de Hieronymus e de acabarem de comer-lhe a carne. Enquanto isso, foi-se embora outra vez o navio francês, sem que eu o soubesse, pois eu estava mais ou menos a oito milhas de distância.

Ao ter esta notícia fiquei muito triste; mas os selvagens me diziam que era costume voltar o navio, geralmente todos os anos[98], com o que tive de me contentar.

# XLVI

### *Como Deus todo poderoso me deu uma prova*

Eu tinha feito uma cruz de um pau oco e a tinha levantado em frente à cabana onde morava. Muitas vezes fiz aí a minha oração ao Senhor, e tinha recomendado aos selvagens de não arrancá-la, porque havia de acontecer alguma desgraça; desprezaram, porém, as minhas palavras. Certa vez, em que eu estava com eles a pescar, uma mulher arrancou a cruz e a deu a seu marido para, na madeira que era roliça, polir uma espécie de colar que fazem de conchas marinhas. Isto me contrariou. Logo depois começou a chover muito, e a chuva durou alguns dias. Vieram então à minha cabana e me pediram que implorasse a meu Deus para que cessasse a chuva, pois se não cessasse, impediria a plantação, visto já ser tempo de plantarem. Disse-lhes que a culpa era deles, pois tinham ofendido a meu Deus, arrancando o madeiro; e era ao pé deste que eu costumava falar com Ele. Como acreditassem ser esta a causa da chuva, ajudou-me o filho do meu senhor a levantar, de novo, a cruz. Era mais ou menos uma hora da tarde, calculada pelo sol. Quando a cruz se ergueu, o tempo ficou bom imediatamente; que tinha estado muito tempestuoso até então. Todos se admiraram, acreditando que o meu Deus fazia tudo o que eu queria.

# XLVII

**Como uma noite fui pescar com dois selvagens e Deus fez um milagre por causa de uma chuva e tempestade**

Eu estava com um dos mais nobres dentre eles, chamado Parwaa, o mesmo que tinha assado Hieronymus. Ele, eu e mais outro pescávamos. Ao escurecer, levantou-se uma chuva com trovoada, não longe de nós, e o vento tangia a chuva para o nosso lado. Pediram-me então os dois selvagens para que eu rogasse a meu Deus que impedisse a chuva, porque assim talvez apanhássemos mais peixe. Eu sabia que nas cabanas nada mais tínhamos para comer. As suas palavras me comoveram e pedi a Deus, do fundo do meu coração, que quisesse mostrar o seu poder, não só por terem os selvagens pedido, como para que vissem que Tu, oh! meu Deus, estás sempre comigo. Tanto que acabei de orar, soprou o vento com violência, trazendo a chuva, até mais ou menos uns seis passos de nós e nem demos por isso. Disse então o selvagem Parwaa: "Agora estou certo de que falaste com o teu Deus". E apanhamos alguns peixes.

Quando tornamos às cabanas, os dois selvagens contaram aos outros que eu havia falado com o meu Deus e que coisas tinham acontecido. Foi admiração para todos.

# XLVIII

### *Como foi que comeram assado o outro cristão chamado Hieronymus*

Logo que o selvagem Parwaa teve tudo pronto, como já disse, mandou fazer as bebidas para quando comessem Hieronymus. Acabado isto, foram buscar os dois irmãos e mais um, que o filho do meu senhor tinha capturado, chamado Antonius. Quando nós quatro cristãos nos ajuntamos, obrigaram-nos a beber com eles; porém, antes de bebermos, fizemos a nossa oração a Deus para que salvasse as nossas almas e a nós também quando chegasse a nossa hora. Os índios conversavam conosco e se mostravam alegres; nós, porém, só viamos desgraças! No dia seguinte de manhã aqueceram novamente a carne, comeram e acabaram logo com ela. Nesse mesmo dia, levaram-me para fazer presente de mim. Ao separar-me dos dois irmãos, pediram-me para orar a Deus por eles; e eu lhes ensinei o meio de fugirem, o lugar para onde deviam dirigir-se na serra sem serem perseguidos, pois já haviam explorado a serra. Fizeram isso, ficaram livres escapando-se, como soube depois; mas ignoro se foram apanhados outra vez.

# XLIX

## *Como foi que me levaram para fazer presente de mim*

Levaram-me para o lugar onde me queriam dar de presente; a caminho, num ponto chamado *Tackwara sutibi*[99], quando já estávamos a certa distância, voltei-me para as cabanas de onde tínhamos saído e vi que havia uma nuvem negra sobre elas. Apontei para a nuvem e disse que o meu Deus estava irritado com a aldeia porque tinham comido carne de gente. E, uma vez chegados, entregaram-me a um principal de nome *Abbati Bossange*[100]. A este disseram que não me fizessem mal, nem o deixasse fazer, porque o meu Deus era terrível quando me maltratavam. E eles o tinham experimentado quando eu ainda estava entre eles; por minha vez, também o exortei e lhe disse que não demoraria, haviam de vir meu irmão e meus parentes com um navio carregado de mercadorias, e, se me tratassem bem, eu haveria de lhes dar muitos presentes, pois eu sabia que Deus faria chegar sem demora o navio do meu irmão. Isto muito o alegrou. O principal chamou-me "seu filho", e fui à caça com os dele.

# L

### *Como os selvagens daquele lugar contaram que o navio francês tinha-se feito à vela de novo*

Contaram-me como o navio anterior, *Maria Belete* chamado, de Depen [Dieppe], com o qual eu tanto queria partir, ali recebera carga completa, a saber: pau-brasil, pimenta, algodão, penas, macacos, papagaios e muitas outras coisas, que não tinham encontrado em outra parte. No porto do Rio de Jenero[101] tinham aprisionado um navio português e dado um português a um principal dos selvagens, chamado *Itawu*, que o tinha devorado. Também aquele francês que, quando caí prisioneiro, tinha recomendado que me comessem, estava a bordo do navio e queria voltar para sua terra. O navio dos franceses, como já contei, daqueles mesmos que não me quiseram recolher quando fugi para o bote deles, tinha naufragado na volta[102], e quando voltei para a França em outro navio, ninguém sabia ainda onde ele havia parado, como direi mais tarde.

# LI

**Como, logo depois de terem feito presente de mim, um outro navio chegou da França, chamado "Katharina de Vattauilla", o qual, por providência de Deus, comprou-me, e como isso aconteceu**

Depois de mais ou menos quatorze dias de permanência no lugar *Tackwara sutibi* [Taquaruçutyba], em casa de Abbati Bossange, aconteceu virem a mim uns selvagens e me dizerem que tinham ouvido tiros para os lados de Iteronne, cujo porto também chamam Rio de Jennero. Como julguei que, de fato, um navio lá estava, pedi-lhes que me levassem para lá, porque era, de certo, o meu irmão. Disseram-me que sim; porém, detiveram-me ainda por alguns dias.

Foi o tempo que os franceses recém-chegados souberam que eu estava entre os selvagens. O capitão mandou dois homens de bordo, em companhia de seis dos selvagens, seus amigos do lugar, os quais chegaram à cabana do principal chamado *Sowarasu*[103], perto daquelas onde eu estava. Os selvagens me vieram dizer que duas pessoas desembarcadas do navio ali estavam. Fiquei contente e fui ter com elas; dei-lhes as boas-vindas na língua dos selvagens. Vendo-me em tão mísero estado, tiveram pena de mim e repartiram suas roupas comigo. Perguntei-lhes a que tinham vindo. Responderam que por minha causa; tinham recebido ordem de me levar para bordo e estavam dispostos a usar de todos os meios para isso. Então meu coração se alegrou, reconhecendo a clemência de Deus. E eu disse a um dos dois, que se chamava Perot e sabia a língua dos selvagens, que ele devia declarar que era meu irmão e tinha trazido para mim uns caixões, cheios de mercadorias, e que eles me levassem a bordo para buscar os caixões; e que acrescentasse que eu desejava ficar ainda com eles para colher pimentas e outras coisas mais, até que o navio voltasse no ano seguinte. Depois dessa conversa, levaram-me para o navio, e meu senhor também foi comigo. A bordo todos tiveram pena de mim e me trataram muito bem. Depois de estarmos uns cinco dias a bordo, perguntou-me o principal dos selvagens, Abbati Bossange, a quem eu tinha sido dado, onde estavam os caixões, para me darem e podermos logo voltar para a terra. Contei isso mesmo ao comandante do navio. Este me ordenou que eu os fosse entretendo até que o navio estivesse com toda a carga, para que não se zangassem ou fizessem algum mal ao verificarem que me retinham no navio, ou não tramassem qualquer traição; tanto mais quanto tal gente não é de confiança. Meu senhor, porém, insistiu em levar-me consigo para a terra. Eu, porém, o entretive com a minha prosa e lhe disse que não tivesse tanta pressa; que ele bem sabia que, quando bons amigos se reúnem, não podem se separar-se tão cedo; mas logo que o navio tivesse de partir, havíamos de voltar para a sua casa; e assim o detive. Finalmente, quando o navio estava prestes a partir, reuniram-se todos os franceses do navio; eu estava com eles, e o meu senhor, o principal, com os que tinha levado, também lá estava. Então, o capitão do barco mandou o seu intérprete dizer aos selvagens que ele estava satisfeito por não terem me matado, depois de me tirarem do poder de seus inimigos. Mandou dizer mais (para com mais facilidade me livrar deles), que tinha mandado chamar-me a bordo porque queria lhes dar alguns presentes por terem me tratado bem. Igualmente era da sua intenção persuadir-me que eu devia ficar entre eles por estar já familiarizado, e para colher pimenta e outras mercadorias, para quando o navio voltasse. Tínhamos então combinado que uns dez homens da tripulação, que de algum modo se pareciam comigo, se reunissem e declarassem que eram meus irmãos e que desejavam levar-me consigo. Comunicou-lhes isso, e mais: que os mesmos meus irmãos não queriam que eu tornasse com os selvagens para a terra; e sim que voltasse para o nosso país, pois o nosso pai desejava ver-me ainda uma vez antes de morrer.

O capitão mandou dizer que ele era o superior no navio e desejava muito que eu fosse com os selvagens de novo para terra; mas que ele estava só e os meus irmãos eram muitos, pelo que nada podia contra eles. Todos esses pretextos foram dados para que não houvesse desarmonia com os selvagens. Eu também disse ao meu senhor, o principal, que desejava muito voltar com ele; porém, ele bem podia ver que os meus irmãos não me deixavam. Começou então o principal a dizer em voz alta a bordo que eu voltasse no primeiro navio, que ele me considerava seu filho e estava muito irritado com a gente de Uwattibi, que me queria devorar.

E uma das mulheres do principal que tinha vindo a bordo foi por ele incitada a me gritar nos ouvidos, como é costume deles, e eu gritei também, segundo o mesmo costume. Após isso, o capitão deu a todos algumas mercadorias, que podiam valer uns cinco ducados, em facas, machados, espelhos e pentes. Com isso, partiram para as suas casas, em terra.

Assim me livrou o Senhor todo poderoso, o Deus de Abrão, Isaac e Jacó, do poder dos bárbaros. A Ele sejam dados louvor, honra e glória, por intermédio de Jesus Cristo, seu amado filho, nosso Salvador. Amém.

# LII

*Como se chamavam os comandantes do navio; de onde era o navio; o que ainda aconteceu antes de partirmos do porto; e que tempo levamos em viagem para a França*

O capitão do navio se chamava Wilhelm de Moner e o piloto Françoy de Schantz. O navio tinha o nome de "Catharina de Wattauilla" etc. Apressaram-no para voltar à França, e, um dia de manhã, enquanto ainda estávamos no porto (chamado Rio de Jennero), aconteceu chegar um pequeno barco português, pretendendo deixar o porto depois de ter traficado com uma casta de selvagens, de sua amizade, chamados Los Markayas [os Maracayás], cujo país limita diretamente com o dos Tuppin Ikins [Tupinambás], amigos dos franceses[104]. As duas nações são grandes inimigas.

O navio era pequeno (como já contei); tinha vindo para me comprar dos selvagens e pertencia a um *factor* [feitor] chamado Peter Roesel.

Os franceses meteram-se no seu bote com algumas armas de fogo e partiram para aprisioná-lo. Tinham-me levado consigo, para que eu lhe falasse de se render. Mas, ao atacarmos o barquinho, fomos repelidos, e alguns franceses saíram atirados e outros feridos. Eu também fui gravemente ferido de um tiro e muito mais do que qualquer dos outros feridos, sobreviventes. Invoquei então nessa angústia o Senhor, porque já sentia a agonia da morte; e pedi ao bondoso Pai que, uma vez que me livrara do poder dos bárbaros, me conservasse a vida para que ainda pudesse chegar à terra cristã e contar a outros os benefícios que Ele tinha me dispensado. E fiquei outra vez completamente bom; louvado seja Deus por toda a eternidade.

No *Anno Domini* de 1554, último dia de outubro, partimos à vela do porto Rio de Jennero e fomos de volta para a França. Tivemos no mar sempre bom vento, de que os marinheiros estavam admirados e acreditavam que fosse uma graça de Deus um tal tempo (como na verdade o foi).

Na véspera do Natal deparamos com muitos peixes em torno do navio, dos que se chamam *Meerschwein*. Apanhamos tantos que nos deram para alguns dias. O mesmo aconteceu de tarde no Dia de Reis. Deus nos mandou grande fartura de peixes, pois que não tínhamos o que comer senão o que Deus nos dava do mar. Mais ou menos a 20 de fevereiro do ano de LV [1555] chegamos à França, à cidade chamada Honflor [Honfleur], na Normandia. Durante toda a viagem de volta não vimos terra alguma, durante cerca de quatro meses. Quando foi da descarga do navio, tomei parte. Acabado isso, agradeci a todos pelos benefícios recebidos e pedi então um passaporte ao capitão. Ele, porém, preferia que eu fizesse mais uma viagem em sua companhia; vendo, porém, que eu não desejava ficar, arranjou-me um passaporte do Moensoral Miranta [Monsieur l'Amiral], governador da Normandia. E o capitão deu-me dinheiro para a viagem. Despedi-me e parti de Honflor para Habelnoeff [Havre Neuf] e de Habelnoeff para Depen.

# LIII

***Como em Depen eu fui levado para a casa
do capitão do navio Bellete [Bel'Eté],
que tinha deixado o Prasil antes de nós,
e ainda não tinha voltado***

Dali é que havia partido o primeiro navio, *Maria Bellete*, de que era intérprete aquele indivíduo (que tinha recomendado aos selvagens que me devorassem); navio no qual ele pretendia voltar para a França. No mesmo é que também estavam aqueles que não me quiseram recolher no bote, quando fugi dos selvagens; também o seu capitão era aquele que, segundo me contaram os selvagens, tinha lhes entregue, para eles devorarem, um português, aprisionado num navio, como antes narrei.

Essa gente da *Bellete* não tinha ainda chegado com o seu barco, quando ali aportei, apesar de que, segundo o cálculo do navio *de Wattauilla*, chegado [*ao Brasil*] depois daquele, e que foi quem me comprou, já devia ter cá chegado três meses antes de nós. As mulheres e os amigos dessa gente vieram me procurar e me perguntaram se eu nada sabia deles. Respondi: "Sim, sei; há uma parte má dessa gente no navio, estejam lá onde estiverem". E contei então como um deles, que esteve na terra dos selvagens e se achava a bordo, tinha aconselhado aos selvagens que me devorassem, mas que Deus, todo poderoso, tinha-me preservado; e contei como tinham vindo no bote até as cabanas, onde eu estava, a fazerem permutas com os selvagens de pimenta e macacos; e que eu tinha fugido dos selvagens e nadado até o seu bote; mas que não quiseram receber-me e como fui obrigado a voltar de novo à terra para o poder dos selvagens, que tinham me maltratado tanto. Também tinham entregue um português aos selvagens para o devorarem, disse-lhes eu, do mesmo modo que não tinham tido compaixão de mim. Por tudo isso, via agora como Deus tinha sido tão bom para comigo, pois, louvado seja Ele, eu tinha chegado primeiro para vos dar notícias. Certamente haverão de chegar quando for possível; mas quero profetizar que Deus não deixará sem castigo, por mais ou menos tempo, tamanha inclemência e dureza como tinham mostrado para comigo. Deus lhes perdoe; pois estava claro que Deus, no céu, tinha ouvido os meus lamentos e tinha se compadecido de mim. E lhes contei mais; como, para os que me tinham resgatado do poder dos selvagens, tudo tinha corrido bem durante toda a viagem, como de fato se deu. Deus nos concedera bom tempo, bom vento e nos dera peixes do fundo do mar.

Ficaram tristes e me perguntaram se eu julgava que eles ainda existiam; para não os desconsolar, disse-lhes que ainda podiam voltar, apesar de que todos e eu também não podíamos presumir que tivessem perecido.

Depois de toda essa conversa, despedi-me e disse que, se voltassem, contassem a eles que Deus tinha me ajudado e que eu tinha estado aqui.

De Depen parti em um barco para Lunden [Londres], em Engellandt [Inglaterra], onde fiquei alguns dias. Dali parti para Seelandt e de Seelandt para Andorff [Antuérpia]. Assim é que Deus todo poderoso, para o qual tudo é possível, ajudou-me a voltar para a pátria. Louvado seja Ele eternamente. Amém.

# Minha oração a Deus, o Senhor, enquanto eu estive no poder dos selvagens, para ser devorado

Oh, Tu, Deus todo poderoso, que fizeste o céu e a terra; Tu, Deus dos nossos antepassados, Abrão, Isaac e Jacó; Tu, que tão poderosamente conduziste o teu povo de Israel da mão de seus inimigos através do Mar Vermelho. A ti, que eterno poder tens, peço que me livres das mãos destes bárbaros, que não te conhecem, em nome de Jesus Cristo, teu amado Filho, que livrou os pecadores da prisão eterna. Porém, Senhor, se é tua vontade que eu sofra, que hei de sofrer morte tão cruel das mãos destes povos que não te conhecem e que dizem, quando lhes falo de ti, que Tu não tens poder de me tirar de suas mãos; então fortalece-me no último momento, quando realizarem os seus desígnios sobre mim, para que eu não duvide da tua clemência. Se tenho de sofrer tanto nesta desgraça, dá-me depois repouso e me preserva do mal que horrorizou todos os nossos antepassados. Mas, Senhor, Tu podes bem livrar-me do seu poder; livra-me, eu sei que Tu podes me auxiliar e, quando Tu me tiveres livrado, não o quero atribuir à felicidade, senão unicamente à mão poderosa que me auxiliou, porque agora nenhum poder de homem pode me valer. E quando me tiveres livrado de seu poder, quero louvar a tua graça e dá-la a conhecer a todas as nações onde eu chegar. Amém.

\* \* \*

Não posso crer que alguém possa orar de coração sem que esteja em grande perigo ou perseguição. Porque enquanto o corpo vive conforme quer, está sempre contra o seu criador. Por isso, Deus, quando manda alguma desgraça, é prova que Ele ainda nos quer bem, e ninguém deve ter dúvida disso, porque isso é uma dádiva de Deus. Nenhuma consolação, nem arma existe melhor do que a simples fé em Deus. Por isso, cada homem de devoção nada melhor pode ensinar a seus filhos do que a compreensão da palavra Deus, na qual sempre podem ter confiança.

Para que tu, leitor, não julgues que eu tive todo este trabalho para ter fama e honra, digo que é para o louvor e honra de Deus, que conhece todos os pensamentos do homem. A Ele, caro leitor, te recomendo, e peço que Ele continue a me ajudar. Amém.

# Segunda parte

Verdadeira e curta narração do comércio e costumes dos Tupin Inbas, cujo prisioneiro eu fui. Moram na América. O seu país está situado no 24º *gradus*, no lado do sul da linha equinoxial. A sua terra confina com um distrito chamado Rio de Jenero.

# I

## Como se faz a navegação de Portugal para o Rio de Jennero, situado na América, mais ou menos no 24º gradus do Tropici Capricorni

Lissebona é uma cidade de Portugal, situada a 39 graus ao norte da linha equinoxial. Quando se parte de Lissebona para a província do Rio de Jenero, situada no país do Prasil [Brasil], que também se chama América, vai-se primeiro a umas ilhas chamadas *Cannarix*, que pertencem ao rei da Espanha. Seis delas mencionarei aqui: a primeira, Gran Canaria; a segunda, Lanserutta; a terceira, Forte Ventura; a quarta, Il Ferro; a quinta, La Palma; a sexta Tineriffe. Daí vai-se às ilhas que se chamam *Los insules de Cape Virde*. O que quer dizer: as ilhas do Cabo Verde[105], cujo Cabo Verde se acha na terra dos mouros pretos, que se chama também Gene[106]. As supramencionadas ilhas estão debaixo do Trópico de Cancri[107] e pertencem ao rei de Portugal. Das ilhas navega-se a sudoeste para o país do Prasil em um grande e vasto mar, muitas vezes três meses e mais antes de se chegar ao país. Primeiro navega-se passando o *Tropicum Cancri*, que fica para trás. Depois passa-se a *lineam equinoxialem*. Quando então, neste navegar, se observa o Norte, não se enxerga mais a estrela polar (chamada também *Polum Articum*). Depois chega-se à altura do *Tropici Capricorni*; navega-se por baixo do sol, e quando se tem chegado à altura do *Tropici Capricorni*, na hora do meio-dia, vê-se o sol para o lado do Norte, e faz sempre muito calor entre os dois tropicis. O referido país Prasil está, em parte, dentro dos dois tropicis.

145

# II

## Como está situado o país América, ou Prasil, conforme em parte tenho visto

A América é uma grande terra com muitas nações selvagens, e muita diferença nas suas línguas[108]. Há nela muitos animais estranhos e é bela de se ver. As árvores estão sempre verdes e nenhuma madeira dessa terra se assemelha às outras. A gente anda nua, e em nenhuma parte da terra, que está entre os tropicis, em tempo algum do ano, faz tanto frio como aqui em Michalis; mas a parte dessa terra, que está ao sul do Tropicus Capricorni, é um pouco mais fria. Ali habita a nação de selvagens que se chamam Cariós [Carijós], que usam peles de animais ferozes, as quais eles preparam bem para com elas se cobrirem. As mulheres desses mesmos selvagens fazem, de fios de algodão, uma espécie de saco, aberto em cima e embaixo, que elas vestem e que, na língua deles, chama-se *Typpoy*[109]. Há neste país frutas da terra e das árvores, de que a gente e os animais se nutrem. A gente tem a pele de cor vermelho-parda, por causa do sol que a requeima. É povo bem parecido, muito ladino no praticar o mal e propenso a perseguir e devorar os seus inimigos.

A sua terra América[110] tem muitas centenas de milhas para o Norte e para o Sul no comprimento, das quais naveguei talvez umas quinhentas, tendo tocado em muitos lugares do país.

# III

## *Sobre uma grande serra que há no país*

Há uma grande serra, que se estende a 3 milhas do mar, em alguns lugares mais longe, em outros talvez mais perto e que chega mais ou menos até a altura de Boiga de Todo los Sanctus[111], um lugar assim chamado, onde os portugueses edificaram e moram. Esta serra estende-se ao longo do mar exatamente 204 milhas, até a altura do 29º *gradus* do lado do sul da linha equinoxial, onde termina. Em alguns lugares, ela tem oito milhas de largura. Por trás da serra há um planalto. Descem bonitos rios dessa serra e há nela muita caça. Na serra habita uma casta de selvagens que se chama *Wayganna*[112]. Estes não têm habitações fixas como os outros, que moram diante e por trás da serra. Os mesmos Wayganna estão em guerra com todas as outras nações, e quando apanham algum inimigo o devoram; os outros também fazem o mesmo com eles. Vão à procura da caça na serra; são peritos no atirar com o arco e hábeis em outras coisas, como em fazer laços e armadilhas, com que apanham caça.

Há também muito mel silvestre na serra, servindo de alimento.

Sabem também imitar a voz dos animais e o canto dos pássaros, para melhor apanhá-los e matá-los. Fazem fogo com dois paus, como os outros selvagens também o fazem. Geralmente assam as carnes que comem. Viajam com as mulheres e filhos. Quando se acampam junto à terra de seus inimigos, fazem cercas de arbustos ao redor das suas cabanas, para que não os possam surpreender, e também por causa dos tigres, e põem espinhos (chamados *Maraga eibe Ju*) ao redor das cabanas, do mesmo modo como aqui se fazem as armadilhas. Praticam isso de medo de seus inimigos. Toda noite conservam o fogo aceso. Quando raia o dia apagam-no, para que não se veja a fumaça que os denuncia. Deixam crescer o cabelo na cabeça, e também conservam unhas compridas. Também usam um chocalho chamado *Maraka*, como os outros selvagens, e têm-no em conta de um Deus. Gostam igualmente de beber e dançar. Também se servem de dentes de animais para cortar e de machados de pedra, como as outras nações selvagens também usaram antes de estarem em contato com os navios estrangeiros.

Partem também muitas vezes em busca de seus inimigos. Quando querem aprisioná-los, escondem-se por trás das tranqueiras que ficam em frente das cabanas destes. Fazem isso para colherem alguém que acaso saia das cabanas para buscar lenha.

São também mais cruéis com seus inimigos do que os inimigos com eles. Por exemplo: cortam-lhes os braços e as pernas, enquanto ainda vivos, pela grande gula que os distingue. Os outros, porém, matam primeiro antes de despedaçá-los para comer.

# IV

### *Como os selvagens Tuppin Inbá, dos quais fui prisioneiro, têm suas moradas*

Eles têm as suas habitações em frente à serra grande, já mencionada, junto do mar. Também por trás da mesma serra estende-se o seu domínio, cerca de 60 milhas. Um grande rio desce da serra e corre para o mar; eles moram em um lugar perto desse rio que eles chamam de *Paraeibe*[113]. A extensão do terreno que eles aí ocupam pode ser de 28 milhas, e estão aí rodeados de inimigos. Do lado do Norte confinam com uma casta de selvagens, que se chamam *Weittaka*[114], e são seus inimigos; do lado do Sul chamam-se seus inimigos Tuppin Ikin, e do lado da terra adentro os seus inimigos são chamados *Karaya*[115]. Depois vêm os Wayganna, que moram na serra perto deles, e mais uma nação que se chama *Markaya* [Maracayá] que habita entre estes, e são seus grandes perseguidores. Os outros já mencionados guerreiam-se entre si, e tanto que, quando um deles apanha algum dos outros, devora-o.

Gostam muito de colocar as suas cabanas onde a água e a lenha não fiquem longe. O mesmo quanto à caça e ao peixe, e quando devastam um lugar mudam para outra parte. Para construir as suas habitações, um dos chefes dentre eles reúne para isso uns 40 homens e mulheres, quantos pode encontrar, geralmente seus amigos e parentes.

Estes levantam a cabana, que tem mais ou menos 14 pés de largura e uns 150 pés de comprimento, e, se forem muitos, duas braças de altura; o teto é redondo, como uma abóbada. Cobrem depois com uma grossa camada de ramas de palmeira, de modo a não chover dentro. Ninguém tem quarto separado; cada casal de homem e mulher tem um espaço na cabana, de um dos lados, de 12 pés; do outro lado, um outro casal, o mesmo espaço. Assim se enchem as cabanas, e cada casal tem o seu fogo. O chefe tem o seu aposento no centro da cabana. Estas têm geralmente três portinhas, uma em cada extremidade e outra no centro;

são baixas, de modo a ser necessário a gente se curvar para sair e entrar. Poucas das suas aldeias têm mais de sete cabanas. No meio, entre as cabanas, deixam um espaço, onde matam os prisioneiros. São também inclinados a fazer fortificações ao redor das suas cabanas; e o fazem assim: erguem, ao redor das cabanas, uma cerca de troncos rachados de palmeiras. A cerca costuma ter braça e meia de altura, e fazem-na tão junta, que nenhuma flecha possa atravessá-la. Deixam umas aberturas pelas quais atiram. Ao redor da cerca fazem outra cerca de varas grossas e compridas; porém, não as colocam muito perto uma da outra, apenas para não deixar passar um homem. Alguns deles têm o costume de espetar em postes, em frente à entrada das palhoças, as cabeças dos que foram devorados.

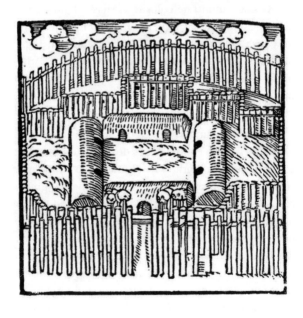

# V

## *Como fazem fogo*

Eles têm uma espécie de madeira, chamada *Vrakueiba*[116], que secam e da qual cortam dois pauzinhos da grossura de um dedo que esfregam um no outro. Com isso produz-se um pó, que o calor da fricção acende, e assim fazem fogo, como o mostra esta gravura.

# VI

## *Onde dormem*

Dormem em camas que chamam *Inni*[117] na sua língua, as quais são feitas de fios de algodão. Amarram-nas em dois esteios, acima do chão, e ao lado conservam fogo aceso durante a noite. Não gostam de sair das cabanas à noite para satisfazerem as suas necessidades, por medo do diabo, a que chamam *Ingange*[118], e ao qual veem muitas vezes.

# VII

### Como são destros em caçar animais e peixes com flechas

Por onde andam – quer na mata, quer na água, levam sempre consigo o seu arco e as suas flechas. Andando na mata, caminham de cabeça erguida, examinando as árvores para descobrirem algum pássaro grande, macaco ou outro animal, que vive sobre as árvores, para o matar, e o perseguem até que o matam. Raras vezes acontece de alguém ir à caça e voltar sem trazer coisa alguma.

Do mesmo modo perseguem os peixes à beira-mar e têm uma vista muito penetrante. Mal aparece um peixe, atiram, e poucos tiros erram. Se acaso ferem algum, atiram-se na água e nadam atrás dele. Certos peixes grandes, quando feridos, vão para o fundo, mas eles seguem atrás, mergulham até seis braças, e os colhem.

Também usam pequenas redes, feitas de fibras, que tiram de umas folhas agudas e compridas, *Tockaun* [tocum]; e quando querem pescar com redes, reúnem-se alguns, e cada qual ocupa o seu lugar na água. Quando esta não é funda, entram uns poucos, formando círculo, e batem na água para o peixe afundar e cair então na rede[119]. Quem mais apanha divide com os outros.

Muitas vezes vêm à pescaria aqueles que moram longe do mar. Apanham muito peixe, secam-no ao fogo e o moem num pilão, fazendo uma farinha, que se conserva por muito tempo. Levam-na consigo e a comem com farinha de raiz, pois, se levassem o peixe apenas frito, não durava nada, por não o salgarem; ademais, a farinha dá para maior porção de gente do que um peixe inteiro assado.

# VIII

### *Que feição apresenta essa gente*

É uma gente bonita de corpo e de feição, tanto os homens como as mulheres, iguais à gente daqui; somente são queimados do sol, pois andam todos nus, moços e velhos, e nada têm que encubra as partes vergonhosas. Desfeiam a si mesmos com pinturas e não têm barbas, porque as arrancam pela raiz, logo que lhes nascem. Fazem furos na boca e nas orelhas e neles introduzem pedras, que são seus ornamentos, e se enfeitam com penas.

# IX

### *Com que eles cortam, visto não poderem adquirir ferramentas cristãs, como machados, facas e tesouras*

Antigamente tinham, antes de cá virem navios, e ainda o têm em muitos lugares do país, onde navio algum chegou, uma espécie de pedra preto-azulada, a que davam a forma de uma cunha, cuja parte mais larga é mal cortante, com mais ou menos um palmo de comprimento, dois dedos de grossura e a largura de uma mão. Umas são maiores, outras menores. Tomam depois um pau fino que vergam ao redor da pedra e amarram com fibras de embira.

Servem-se também de dentes de porco do mato, que amolam até ficarem cortantes, e os amarram depois entre dois pauzinhos. Com isto raspam suas flechas e arcos até que fiquem tão roliços como se fossem torneados.

Também empregam o dente de um animal chamado paca; aguçam-lhe a ponta, e se sentem alguma doença no corpo que provém do sangue, arranham a parte até sair sangue; e este é o seu modo de sangrar.

# X

## *Qual é o seu pão; como se chamam os seus frutos; como eles os plantam e como os preparam para comer*

Nos lugares onde querem plantar, primeiro cortam as árvores e deixam-nas secar de um a três meses. Deitam-lhes fogo, e então plantam entre os troncos as raízes de que precisam, que chamam *mandioka*. É arbusto de uma braça de altura que dá umas três raízes. Quando as querem comer, arrancam o pé, quebram-lhe as raízes e depois os galhos. Estes são colocados outra vez na terra, onde criam raízes de novo, e com seis meses crescem tanto, que já dão o que comer. A raiz é preparada de três modos.

Primeiro ralam as raízes numa pedra, até que fiquem em grãos miúdos; tiram-lhe depois o suco com um aparelho feito da folhagem da palmeira, ao qual chamam *tippiti*, que eles esticam; depois passam tudo numa peneira e fazem da farinha uns bolinhos achatados.

A vasilha em que secam e torram a farinha é de barro cozido e tem a forma de uma grande bacia chata. Também tomam as raízes frescas e as deitam em água, até apodrecerem, é quando as retiram e põem no fumeiro, onde secam. A essas raízes secas chamam de *Keinrima*[120] e conservam-se por muito tempo, e quando precisam delas, socam-nas em um pilão de madeira, onde ficam alvas como a farinha de trigo. Disso eles fazem bolinhos a que chamam de *byyw*[121].

Também tomam a mandioka apodrecida, antes de seca, e a misturam com a seca e com a fresca, com o que preparam e torram uma farinha que pode conservar-se um ano, sempre boa para comer. Essa farinha eles chamam de *V y than*[122].

Também fazem farinha de peixe e de carne. Assam a carne ou o peixe ao fogo, ou ao fumo, e deixam ficar bem duro; rasgam-no com a mão em pequeninos pedaços, põem-no mais uma vez ao fogo, em uma vasilha de barro cozido, a que chamam *Yneppaun*[123]. Depois socam-no em pilão de madeira até ficar reduzido a farinha, e o passam em uma peneira. Essa farinha se conserva por muito tempo. Eles não têm o costume de salgar o peixe ou a carne. Comem então a tal farinha com a de raízes, e têm gosto bem regular.

# XI

### *Como cozinham a comida*

Há muitas raças de povos que não comem sal. Aqueles entre os quais estive prisioneiro às vezes comem sal porque viram usar dele os franceses, com os quais negociam. Mas contaram-me de uma nação cuja terra se limita com a deles, nação Karaya, moradora no interior, longe do mar, que faz sal das palmeiras e o come, sendo que aqueles que se servem muito dele não vivem muito tempo. Preparam-no da seguinte maneira, que eu vi e ajudei a preparar: derrubam um grosso tronco de palmeira e racham-no em pequenas achas;

depois fazem uma armação de madeira seca e lhe põem as achas em cima, queimando-as juntamente com a madeira seca até ficarem reduzidas a cinza. Das cinzas fazem então decoada, que fervem, e assim obtêm sal. Eu julgava que era salitre e o experimentei ao fogo; mas não era. Tinha gosto de sal e era de cor parda. A maior parte da gente, porém, não come sal.

Quando cozinham alguma coisa, seja peixe ou carne, põem-lhe em geral pimenta verde, e, quando está mais ou menos bem cozida, tiram-na do caldo e a reduzem a uma sopa rala, a que chamam *mingau* e que bebem em cascas de purungas[124], que servem de vasilhas. E quando querem guardar alguma comida por mais tempo, carne ou peixe, penduram-na uns quatro palmos acima do fogo, em varas, e fazem bastante fogo por baixo. Deixam-na então secar e enfumaçar, até ficar bem seca. Quando querem comê-la, aferventam-na outra vez e se servem. À carne assim preparada chamam de *Mockaaein*[125].

# XII

### Que regime e que ordem seguem em relação às autoridades e à justiça

Não têm regime especial nem justiça. Cada cabana tem um chefe, que é o seu principal. Todos os seus chefes são de uma e mesma raça, com mando e regime, e podem fazer tudo o que quiserem. Pode porventura um deles ter-se distinguido mais na guerra do que o outro; este então é sempre mais ouvido, quando se trata de novas guerras, como o já referido Konian-Bebe. No mais, não vi direito algum especial entre eles, senão que os mais moços prestam obediência aos mais velhos, como é dos seus costumes.

Quando alguém mata ou fere outrem, os amigos deste se dispõem logo a matar, por sua vez, o ofensor; o que, porém, raras vezes acontece. Também prestam obediência aos chefes das cabanas, e o que estes mandarem fazer executam sem constrangimento nem medo, e somente por boa vontade.

# XIII

## *Como fabricam os potes e as vasilhas que usam*

As mulheres é que fazem as vasilhas de que precisam. Tiram o barro e o amassam; dele fazem todas as vasilhas que querem; deixam-nas secar por algum tempo, e sabem pintá-las bem. Quando querem queimá-las, emborcam-nas sobre pedras e amontoam ao redor grande porção de cascas de árvores, que acendem, e com isso ficam queimadas, pois se tornam em brasas, como ferro quente.

# XIV

### *Como fabricam as bebidas com que se embriagam e como celebram essas bebedeiras*

As mulheres é que também fazem as bebidas. Tomam as raízes da mandioka, que deitam a ferver em grandes potes, e quando bem fervidas, tiram-nas e passam para outras vasilhas ou potes, onde deixam esfriar um pouco. Então as moças assentam-se ao pé a mastigarem as raízes, e o que fica mastigado é posto numa vasilha à parte.

Uma vez mastigadas todas essas raízes fervidas, tornam a pôr a massa mascada nos potes, que então enchem de água e misturam muito bem, deixando tudo ferver novamente.

Há umas vasilhas especiais que ficam enterradas até o meio e que eles empregam, como nós os tonéis para o vinho ou a cerveja. Aí despejam tudo e tampam bem; começa a bebida a fermentar e torna-se forte. Assim fica durante dois dias, depois do que bebem e ficam bêbados. É densa e deve ser nutritiva.

Cada cabana faz sua própria bebida. E quando uma aldeia inteira quer fazer festas, o que de ordinário acontece uma vez por mês, reúnem-se todos primeiro em uma cabana, e aí bebem até acabar com a bebida toda; passam depois para outra cabana, e assim por diante até que tenham bebido tudo em todas elas.

Quando bebem, assentam-se ao redor dos potes, alguns sobre achas de lenha e outros no chão. As mulheres dão-lhes a bebida por ordem. Alguns ficam de pé, cantam e dançam ao redor dos potes. E no lugar onde estão bebendo, vertem também a sua água.

O beber dura a noite inteira; às vezes, também dançam por entre fogueiras, e quando ficam bêbados gritam, tocam trombetas e fazem um barulho formidável. É raro ficarem zangados uns com os outros. Também são muito liberais, e o que lhes sobra de comida repartem com outros.

# XV

## Qual é o enfeite dos homens, como se pintam e quais são os seus nomes

Raspam uma parte da cabeça e deixam ao redor uma coroa de cabelos, como os frades. Muitas vezes lhes perguntei aonde tinham aprendido essa moda de cabeleira. Responderam-me que seus antepassados tinham visto num homem que se chamava *Meire Humane*[126], e que tinha feito muitos milagres entre eles; e entendiam que tivesse sido um profeta ou apóstolo.

Perguntei-lhes mais com que cortavam os cabelos antes dos navios lhes trazerem tesouras. Respondiam que para isso tomavam uma cunha de pedra, e pondo uma outra por baixo dos cabelos, batiam até cortá-los. A coroa no meio da cabeça faziam-na com uma raspadeira, fabricada de uma pedra-cristal que usam muito para cortar.

Têm mais um ornato feito de penas vermelhas, a que chamam *Kanittare*[127] e que amarram ao redor da cabeça.

Costumam também trazer no lábio inferior um grande orifício, que fazem logo na infância. Furam o beiço com um pedaço de osso de veado aguçado, e no orifício introduzem depois uma pedrinha ou pedacinho de pão e untam isso com os seus unguentos; o orifício continua aberto. Quando ficam homens e aptos para as armas, fazem esse orifício maior e enfiam nele uma pedra verde, que tem esta forma: a ponta superior e mais fina fica para dentro dos lábios, e a grossa para fora, deixando o lábio sempre pendido pelo peso da pedra. Na face eles ainda têm, de cada lado da boca, uma pequena pedra.

Alguns as têm de pedra de cristal; estreitas sim, mas compridas. Usam ainda um enfeite que fazem de grandes búzios marinhos, a que chamam de *Matte pue*[128], da forma de uma meia lua. Penduram-no ao pescoço; é branco como a neve, e o chamam de *Bogessy*[129].

Também fazem colares brancos, de caracóis marinhos, que trazem ao pescoço, da espessura de uma palma, e que dão muito trabalho para serem feitos.

Eles amarram também feixes de penas nos braços; pintam-se de preto e também com penas vermelhas e brancas, misturadas sem ordem; estas, porém, grudadas no corpo com substâncias que tiram das árvores e que passam nas partes onde querem pôr as penas; aplicando então estas de modo a ficarem aderentes. Pintam também um braço de preto e outro de vermelho, e do mesmo modo as pernas e o corpo.

Eles usam mais um enfeite de penas de avestruz, enfeite grande e redondo, que amarram na parte de trás, quando vão à guerra contra os seus inimigos, ou fazem alguma festa. Chama-se *Enduap*.

Tiram seus nomes de animais ferozes e tomam muitos nomes, mas com certas particularidades. Logo que nascem recebem um nome. Conservam-no somente até ficarem aptos para manejarem armas e matarem inimigos. A quantos depois matam, outros tantos nomes tomam.

# XVI

## Quais são os enfeites das mulheres

As mulheres pintam-se por baixo dos olhos e por todo o corpo, do mesmo modo como dissemos que os homens o fazem. Deixam, porém, crescer os cabelos, todas elas, e não têm enfeites especiais. Abrem orifícios nas orelhas, nos quais penduram uns objetos do comprimento de um palmo, mais ou menos, roliços e da grossura de um dedo polegar, a que chamam na sua língua *Nambibeya*. Fazem-nos também de conchas do mar, a que chamam *Matte pue*.

Seus nomes são de pássaros, peixes e frutas das árvores, e têm um só nome desde crianças; porém, quantos escravos os seus maridos matam, tantos nomes eles dão às suas mulheres.

Ao catarem os piolhos uma da outra, vão comendo-os. Perguntei-lhes muitas vezes por que assim faziam, e me responderam: "São nossos inimigos que nos comem a cabeça, e por isso nos vingamos deles".

Também não há parteiras; quando uma mulher está para dar à luz, o primeiro que estiver perto, homem ou mulher, a acode logo. Comumente vi algumas que se levantavam no quarto dia depois do parto.

Carregam os seus filhos às costas, envolvidos em panos de algodão, e assim com eles trabalham. As crianças aí dormem e andam contentes, por mais que elas se abaixem ou se movam.

# XVII

## *Como dão o primeiro nome às crianças*

A mulher de um selvagem, dos que ajudaram a me capturar, tinha dado à luz um filho. Alguns dias depois, o marido convidou os seus vizinhos das cabanas próximas e com eles conferenciou a respeito do nome que haveria de dar à criança, para que esta fosse valente e temível. Deram-lhe muitos nomes, que não lhe agradaram. Deliberou então dar-lhe o nome de um dos seus quatro antepassados, e disse que crianças que têm três nomes vingam bem e ficam dextras em fazer prisioneiros. Os seus quatro antepassados se chamavam assim: o primeiro, Krimen; o segundo, Hermittan; o terceiro Koem[130]; o quarto nome não retive na memória. Pensei, ao ouvi-lo, falar de Koem, que podia ser Cham; mas Koem quer dizer na língua deles manhã. Disse-lhe que desse este nome à crianca, porque tinha sido o de um dos seus antepassados. A criança ficou com um desses nomes. É assim que dão nomes aos seus filhos, sem batismo nem circuncisão.

# XVIII

## *Quantas mulheres cada um tem, e como vive com elas*

A maior parte deles tem uma só mulher; outros têm mais. Mas alguns dos seus principais têm

13 ou 14 mulheres. O principal a quem me deram da última vez, e de quem os franceses me compraram, chamado Abbati Bossange, tinha muitas mulheres, e a que fora a primeira era a superiora entre elas. Cada uma tinha o seu aposento na cabana, seu próprio fogo e sua própria plantação de raízes; e aquela com quem ele vivia, e em cujo aposento ficava, é que lhe servia o comer; e assim passava de uma para outra. As crianças que lhes nascem, enquanto meninos e pequenos, educam-nas para a caça; e o que os meninos trazem, cada qual dá à sua mãe. Elas então cozinham e partilham com os outros; e as mulheres se dão bem entre si.

Também têm o costume de fazer presentes de suas mulheres, quando aborrecidos delas. Fazem do mesmo modo presentes de uma filha ou irmã.

# XIX

## *Como eles contratam os casamentos*

Contratam os casamentos de suas filhas, ainda crianças, e logo que elas se fazem mulheres, cortam-lhes o cabelo da cabeça; riscam-lhes nas costas marcas especiais e lhes penduram ao pescoço uns dentes de animais ferozes. Uma vez crescido o cabelo de novo, as incisões cicatrizam-se, deixando ver ainda o sinal desses riscos, pois se misturam certas tintas com o sangue, para ficar preto quando saram, coisa que é tida como uma honra.

Quando terminadas essas cerimônias, entregam as filhas a quem as deve possuir, e não celebram nenhuma outra cerimônia especial. Homem e mulher procedem decentemente e fazem os seus ajuntamentos às ocultas. Consegui ver que um dos seus chefes, em certa ocasião, pela manhã, ao visitar todas as suas cabanas, riscava as pernas das crianças com um dente afiado de peixe; isto só para lhes fazer medo, de modo que, quando choravam com manha, os pais as ameaçavam: "Aí vem ele!", e elas se calavam.

# XX

### *Quais são as suas riquezas*

Não há divisão de bens entre eles. Nada sabem de dinheiro. Suas riquezas são penas de pássaros; e quem tem muitas é rico. Quem traz pedras nos lábios, entre eles, é um dos mais ricos.

Cada casal, homem e mulher, tem sua plantação de raízes, das quais se alimenta.

# XXI

### *Qual é a sua maior honra*

A sua maior honra é prender e matar muitos inimigos. Costume entre eles é que, quantos inimigos cada qual tiver morto, tantos nomes pode tomar.

E o mais nobre entre eles é aquele que conta mais nomes dessa espécie.

# XXII

### *Em que creem*

Têm a sua crença em um fruto que cresce como uma abóbora e do tamanho de meio pote. Oco, como é, atravessam-lhe um pau. Fazem-lhe depois um orifício à guisa de boquinha e lhe deitam umas pedrinhas dentro, para que chocalhe. Com isso tangem quando cantam e dançam, e lhe chamam *Tammaraka*, cuja forma é como segue:

Esse instrumento é só dos homens, e cada um tem o seu. Há entre eles alguns indivíduos a que chamam de *Paygi*[131] e que são tidos por adivinhos. Estes percorrem uma vez por ano o país todo, de cabana em cabana, asseverando que têm consigo um espírito que vem de longe, de lugares estranhos, e que lhes deu a virtude de fazer falar todos os Tammarakas que eles queiram e o poder de alcançar tudo que se lhes pede. Cada qual quer, então, que esse poder venha para o seu chocalho; faz-se uma grande festa, com bebidas, cantos e adivinhações, e praticam muitas cerimônias singulares. Depois marcam os adivinhos um dia para uma cabana, que mandam evacuar, e nenhuma mulher nem criança pode ficar lá dentro. Ordenam em seguida que cada um pinte o seu Tammaraka de vermelho, enfeitado com penas, e o mande para eles lhe darem o poder de falar. Dirigem-se então para a cabana. O adivinho toma assento, em lugar elevado, e tem junto de si o Tammaraka fincado no chão. Os outros, então, fincam os seus. Cada um dá os seus presentes ao adivinho, como flechas, penas e penduricalhos para as orelhas, a fim de que o seu Tammaraka não fique esquecido. Uma vez, todos reunidos, toma o adivinho cada Tammaraka e o defuma com uma erva, a que chamam *Bittin*[132]. Depois leva o Tammaraka à boca; chocalha-o e lhe diz: "*Nee kora* [*nheen coíre*], fala agora, e deixa-te ouvir; estás aí dentro?" Depois diz baixo e muito junto uma palavra, que é difícil saber se é do chocalho, ou se é dele, e todos acreditam que é do chocalho. Na verdade, porém, é do próprio adivinho, e assim faz com todos os chocalhos, um após o outro. Cada qual pensa então que o seu chocalho tem grande poder. Depois os adivinhos os exortam a irem para a guerra e apanharem inimigos, porque os espíritos que estão nos Tammaraka têm gana de comer carne de prisioneiros; e com isso se decidem ir para a guerra.

Mal o adivinho Paygi transforma em ídolos todos os chocalhos, cada um toma o seu; chama-o de seu querido filho e levanta para ele uma pequena cabana, na qual deve ficar. Dá-lhe comida e lhe pede tudo o que precisa, tal como nós fazemos com o verdadeiro Deus. São estes os seus deuses.

Com o Deus verdadeiro, que criou o céu e a terra, eles não se importam e acham que é uma coisa muito natural que o céu e a terra existam. Também nada sabem de especial do começo do mundo.

Dizem que houve, uma vez, uma grande enchente na qual se afogaram todos os seus antepassados e que alguns se salvaram em uma canoa, outros em árvores altas; o que eu penso deve ter sido o dilúvio.

Quando me achei pela primeira vez entre eles e me contaram essas coisas, pensei que se tratava, talvez, de algum fantasma do diabo, pois me contaram diversas vezes como esses ídolos falavam. Penetrando nas cabanas, onde estavam os adivinhos que deviam fazê-los falar, notei que todos se assentavam. Mas, logo que vi a esperteza, saí da cabana e disse comigo: "Que pobre povo iludido!"

# XXIII

### *Como eles tornam as mulheres adivinhas*

Entram primeiro em uma cabana e pegam todas as mulheres, uma após outra, e as defumam. Depois, cada uma deve gritar, pular e correr em roda, até que fique tão cansada, que caia no chão, como desfalecida. Então o adivinho diz: "Vejam, agora está morta; mas eu quero fazê-la viver de novo". Logo que ela volta a si, ele diz: "Agora está apta para falar do futuro". Assim, quando partem para a guerra, obrigam essas mulheres a adivinharem o que há de acontecer na luta.

Uma vez a mulher de meu senhor (aquele a quem eu tinha sido entregue para me matar) começou de noite a vaticinar e disse ao marido que um espírito de terra estranha tinha se dirigido a ela e lhe perguntara quando era que eu devia ser morto e onde estava o pau com que deviam me matar. Ele respondeu: "Não demorará, tudo está pronto; porém, desconfio que ele não é português, mas francês".

Quando a mulher acabou a sua adivinhação, perguntei-lhe por que desejava tanto a minha morte, visto que eu não era inimigo, e se ela não temia que o meu Deus lhe mandasse algum castigo. "Eu não devia incomodar-me com isso, disse ela, mas eram os espíritos estranhos que queriam saber". Eles celebram muitas dessas cerimônias.

# XXIV

### *Como navegam nas águas*

No país há uma espécie de árvore a que chamam *Yga Ywera*[133], cuja casca os selvagens destacam de cima a baixo, fazendo uma armação especial ao redor da árvore para tirá-la inteira.

Depois, tomam a casca e a transportam da serra até o mar; aquecem-na ao fogo, dobram-na adiante e por trás e lhe amarram dois paus atravessados no centro para que se não achate, e fazem assim uma canoa, na qual cabem 30 pessoas, para irem à guerra. A casca tem a grossura de um dedo polegar, mais ou menos 4 pés de largura e 40 de comprimento; algumas mais compridas e outras mais curtas. Nelas remam apressados e navegam longe, tanto quanto querem. Quando o mar está bravo, puxam as canoas para a terra até o tempo ficar bom. Não vão mais de duas milhas mar afora; mas, ao longo da terra, navegam muito longe.

# XXV

### *Por que um inimigo devora o outro*

Não o fazem por fome, mas por grande ódio e inveja; e quando na guerra combatem, gritam um para o outro, por grande ódio: *"Dete immeraya schermiuramme beiwoe"*[134], "A ti sucedam todas as desgraças, minha comida". *"De kange Juca oypota kurine"*[135], "Eu quero ainda hoje cortar a tua cabeça". *"Sche innam me pepicke keseagu"*[136], "Para vingar a morte de meus amigos, estou aqui". *"Yande soo sche mocken sera quora ossarime rire"*[137] etc., "Tua carne será hoje, antes que o sol entre, o meu assado". Tudo isso fazem por grande inimizade.

# XXVI

## Como fazem seus planos quando querem ir à terra de seus inimigos para guerrear com eles

Quando se dispõem a levar a guerra à terra de seus inimigos, os chefes se reúnem e conferenciam como o devem fazer. Comunicam isso a todas as cabanas para que se preparem, e dão o nome de uma fruta cujo amadurecimento marcará o tempo da partida, pois não conhecem a diferença do ano e do dia. Também determinam o tempo da partida, pelo tempo da desova de um peixe a que chamam *Pratti*[138] na língua deles, e o tempo da desova chamam *Pirakaen*[139]. Para essa época aprontam as suas canoas, suas flechas e farinha dura de raízes, que chamam *Vythan* [*uytã*], para mantimento. Depois consultam os Pagy, os adivinhos, se alcançarão vitória. Estes, em geral, dizem que sim, mas lhes ordenam que tomem sentido nos sonhos que têm a respeito dos inimigos, e quando a maior parte deles sonha que veem assar a carne dos inimigos, isso quer dizer que terão vitória. Mas se veem assar a sua própria carne, não é de bom presságio, e devem ficar em casa. Quando os seus sonhos lhes agradam, aprestam-se em todas as cabanas; fazem muita bebida, bebem e dançam com os ídolos Tammaraka, e cada um pede ao seu que o ajude a apanhar um inimigo. Depois partem. Ao chegarem perto da terra dos seus inimigos, os chefes ordenam, um dia antes daquele em que vão invadir a terra daqueles, que reparem bem nos sonhos que tiverem durante a noite.

Tomei parte com eles em uma expedição. Ao chegarmos perto da terra dos seus contrários, e, na noite anterior àquela em que a pretendiam invadir, o chefe percorreu o acampamento todo para dizer que atentassem bem nos sonhos que tivessem, e ordenou mais: que os moços, logo que raiasse o dia, fossem caçar e pescar. Isso feito, o chefe mandou preparar tudo. Depois convidou os outros chefes para que viessem à cabana dele. Assentaram-se todos no chão e fizeram roda. Mandou-lhes servir a comida. Acabada esta, contaram-lhe os seus sonhos, mas somente os que lhes agradaram; depois dançaram de alegria com os Tammarakas.

Fazem o reconhecimento das aldeias dos seus inimigos durante a noite e, ao raiar do dia, investem.

Se apanham algum que esteja gravemente ferido, matam-no logo e levam-lhe a carne depois de assada para casa; mas se o prisioneiro estiver são, levam-no vivo. Depois matam-no na cabana.

Atacam com grande vozeria; pisam duro no chão; tocam trombetas, feitas de cabaças, e todos levam cordas, enleadas ao redor do corpo, para amarrar os inimigos; pintam-se e enfeitam-se com penas vermelhas, para não se confundirem com os outros; e atiram com presteza. Também arremessam flechas acesas sobre as cabanas de seus inimigos para incendiá-las. E quando algum deles recebe um ferimento, aplicam-lhe ervas próprias, com a qual ficam curados.

# XXVII

## *Qual é o seu armamento para a guerra*

Eles têm os seus arcos, e as pontas das flechas são de ossos que aguçam e amarram; também fazem-nas de dentes do peixe a que chamam *Tiberaun*[140] e que apanham no mar. Também usam algodão, que misturam com cera, amarram nas flechas e acendem; essas são as suas flechas de fogo. Fazem também escudos de cascas de árvores e de couros de animais ferozes. Enterram também espinhos, como aqui as armadilhas de tesoura.

Ouvi também deles, mas não vi, que, quando querem, expulsam os seus inimigos das cabanas fortificadas, empregando a pimenta que cresce no país, desta forma: fazem grandes fogueiras e, quando o vento sopra, põem-lhe grande porção de pimenta, cuja fumaça, atingindo as cabanas, os obriga a fugirem; e eu o creio. Estava uma vez com os portugueses numa localidade da terra chamada de *Brannenbucke* [Pernambuco], a que já me referi, e aí aconteceu de ficarmos num rio com o barco em seco, porque a maré baixara. Vieram muitos selvagens para nos atacar; mas como não o puderam, amontoaram então muita lenha e galhos secos, entre o navio e a margem, para nos obrigar a sair, por efeito da fumaça da pimenta; mas não lograram pegar fogo na lenha.

# XXVIII

### *Com que cerimônias matam e comem seus inimigos; como os matam e como os tratam*

Quando trazem para casa os seus inimigos, as mulheres e as crianças os esbofeteiam. Depois os enfeitam com penas pardas; cortam-lhes as sobrancelhas; dançam em roda deles, amarrando-os bem, para que não fujam.

Dão-lhes uma mulher para os guardar e também ter relações com eles. Se ela concebe, educam a criança até ficar grande; e depois, quando melhor lhes parecer, matam-na e a devoram. Fornecem aos prisioneiros boa comida; tratam assim deles algum tempo e, ao começarem os preparativos, fabricam muitos potes especiais, nos quais põem todo o necessário para pintá-los; ajuntam feixes de penas que amarram no bastão com o qual irão matá-los.

Trançam também uma corda comprida a que chamam *Massurana* [Mussurana], com a qual os amarram na hora de morrer. Terminados todos os preparativos, marcam o dia do sacrifício. Convidam então os selvagens de outras aldeias para aí se reunirem naquela época. Enchem todas as vasilhas de bebidas e, um ou dois dias antes de as mulheres terem feito essas bebidas, conduzem o prisioneiro uma ou duas vezes pela praça e dançam ao redor dele.

Reunidos todos os convidados, o chefe da cabana lhes dá as boas-vindas e lhes diz: "Vinde ajudar agora a comer o vosso inimigo". Dias antes de começarem a beber, amarram a mussurana ao pescoço do prisioneiro. No mesmo dia, pintam e enfeitam o bastão chamado *Iwera Pemme*, com o qual o matam; ele tem a forma desta figura.

Este tem mais de uma braça de comprido e o untam com uma substância que gruda. Tomam então cascas pardas de ovos de um pássaro chamado *Mackukawa* e moem-nas até reduzi-las a pó, que esfregam no bastão. Então uma mulher risca figuras nesse pó aderente ao bastão, e enquanto ela desenha, todas as mulheres cantam ao redor. Uma vez pronto o *Iwera Pemme* com os enfeites de penas e outras preparações, penduram-no em uma cabana desocupada e cantam ao redor dele toda a noite.

Do mesmo modo pintam a cara do prisioneiro, e enquanto uma das mulheres o está pintando, as outras cantam. E logo que começam a beber, levam o prisioneiro para lá, bebem com ele e com ele se entretêm.

Acabando de beber, descansam no dia seguinte; fazem depois uma casinha para o prisioneiro, no lugar onde ele deve morrer. Ali ele fica durante a noite, bem guardado.

De manhã, antes de clarear o dia, vão dançar e cantar ao redor do bastão com o qual o devem matar. Tiram, então, o prisioneiro da casinha e a desmancham, para abrir espaço; amarram a mussurana ao pescoço e ao redor do corpo do paciente, esticando-a para os dois lados. Fica ele, então, no meio, amarrado, e muitos deles seguram a corda pelas duas pontas. Deixam-no assim ficar por algum tempo; dão-lhe pedrinhas para ele arremessar sobre as mulheres, que andam em roda ameaçando devorá-lo. Elas estão pintadas e prontas para, quando o prisioneiro estiver reduzido a postas, comerem os quatro primeiros pedaços ao redor das cabanas. Nisso consiste o seu divertimento. Isto pronto, fazem um fogo cerca de dois passos do prisioneiro, para que este o veja.

Depois vem uma mulher correndo com o *Iwera Pemme*; vira os feixes de penas para cima; grita de alegria e passa pelo prisioneiro, para que este o veja.

Feito isso, um homem toma da clava; dirige-se para o prisioneiro; para na sua frente e lhe mostra o cacete, para que ele o veja. Enquanto isso, aquele que deve matar o prisioneiro vai com uns 14 ou 15 dos seus e pinta o próprio corpo de pardo, com cinza. Volta então com os seus companheiros para o lugar onde está o prisioneiro, e aquele que tinha ficado em frente deste lhe entrega a maça. Surge agora o principal das cabanas; toma a clava e a enfia por entre as pernas daquele que deve desfechar o golpe mortal.

Isso é por eles considerado uma grande honra. De novo aquele que deve matar o prisioneiro pega na clava e diz: "Sim, aqui estou, quero

te matar, porque os teus também mataram muitos dos meus amigos e os devoraram". Responde-lhe o outro: "Depois de morto, tenho ainda muitos amigos que de certo haverão de vingar". Então desfecha-lhe o matador um golpe na nuca; os miolos saltam e logo as mulheres tomam o corpo, puxando-o para o fogo; esfolam-no até ficar bem alvo e lhe enfiam um paozinho por trás, para que nada lhes escape.

Uma vez esfolado, um homem o toma e lhe corta as pernas, acima dos joelhos, e também os braços. Então vêm as mulheres; pegam os quatro pedaços e correm ao redor das cabanas, fazendo um grande vozerio.

183

Depois abrem-lhe as costas, que separam do lado da frente, e repartem entre si; mas as mulheres guardam os intestinos, fervem-nos, e do caldo fazem uma sopa que se chama Mingau, que elas e as crianças bebem.

Comem os intestinos e também a carne da cabeça; os miolos, a língua e o mais que houver são para as crianças. Tudo acabado, volta cada qual para sua casa levando o seu quinhão. Aquele que foi o matador ganha mais um nome, e o principal das cabanas risca-lhe o braço com o dente de um animal feroz. Quando sara, fica a marca, e isto é a honra que tem.

Depois ele deverá, no mesmo dia, ficar em repouso, deitado na sua rede, e lhe dão um pequeno arco com uma flecha para passar o tempo atirando em um alvo de cera. Isto é feito para que os braços não fiquem incertos do susto de ter matado.

Tudo isso eu vi e presenciei.

Eles não sabem contar senão até cinco. Se querem contar mais, mostram os dedos da mão e do pé. Querendo falar de um número grande, apontam quatro ou cinco pessoas, indicando quantos dedos da mão e do pé elas têm.

Assando um prisioneiro

Comendo um prisioneiro

# XXIX

## *Descrição de alguns animais no país*

Há no país veados e porcos do mato, de duas qualidades. Uma espécie é como a daqui. As outras são pequenas, como porcos novos, e se chamam *Taygasu, Dattu*[141]; são difíceis de cair nas armadilhas com as quais os selvagens costumam apanhar caça. Também há macacos de três espécies. Uma espécie se chama *Key*[142], é a que vem para cá.

Há mais uma espécie, a que se chama *Acka Key*[143], e geralmente anda em grandes bandos, saltando nas árvores e fazendo grande gritaria no mato.

E há mais uma espécie, a que se chama de *Pricki*[144]; são vermelhos, têm barbas como os bodes e são do tamanho de um cão regular.

Também há uma espécie de animal a que chamam de *Dattu*[145]; tem mais ou menos um palmo de altura e couraça no corpo todo, exceto na barriga. A couraça é como chifre e fecha com articulações como uma armadura. Tem focinho longo e pontudo e cauda comprida. Gosta de andar por entre as pedras; a sua comida são formigas e tem carne gorda, que muitas vezes comi.

# XXX

### *Serwoy*

Há também uma espécie de caça a que se chama de *Serwoy*[146], do tamanho de um gato branco, de pele parda, também cinzento, e tem rabo como o gato. Quando pare, pare um ou seis filhotes e tem uma fenda no ventre de perto de palmo e meio de comprido. Por dentro da fenda há mais uma pele, pois o ventre não é aberto, e por dentro da bolsa estão as tetas. Por onde quer que vá, leva consigo os filhos dentro do saco, entre as duas peles. Muitas vezes, ajudei a apanhá-la e lhe tirei os filhos da bolsa.

# XXXI

## Há também muitos tigres no país, que matam gente e causam muitos prejuízos

Há também uma espécie de leão, a que chamam *Leopardo*[147] – isto é, *Leão Pardo* –, e outros muitos animais singulares.

Há um animal chamado *Catiuare*[148], que vive em terra e também na água. Alimenta-se da taboa que se encontra nas águas-doces. Quando se amedronta, foge para o fundo d'água. São maiores do que um cordeiro e têm a cabeça parecida com a da lebre, porém maior, e as orelhas curtas. A cauda é pequena e as pernas são um pouco altas. Correm muito em terra, de uma água para outra. Têm o pelo pardo-escuro, três unhas em cada pé e a carne tem o gosto da de porco.

Também há uma espécie de grandes lagartos na água[149] e em terra; estes são bons para se comer.

# XXXII

## De uma espécie de insetos pequenos, como pulgas pequenas, que os selvagens chamam "attun"

Há uns insetozinhos parecidos com pulgas, porém menores, que se chamam *Attun*[150], na língua dos selvagens. Criam-se nas cabanas, da sujeira da gente. Entram nos pés; só produzindo uma cocegazinha quando entram, e vão penetrando na carne de modo que quase não se percebe. Não se reparando e não os tirando logo, põem eles um saco de ovos, redondo como uma ervilha. Uma vez, porém, percebidos e retirados, fica na carne um buraco do tamanho de um grão de ervilha. Eu vi, quando cheguei a esse país, pela primeira vez, os espanhóis e alguns dos nossos ficarem com os pés estragados por descuido.

# XXXIII

### *De uma espécie de morcego do país, e como de noite, durante o sono, ele chupa os dedos do pé e a cabeça da gente*

Há também uma espécie de morcegos, que são maiores do que os da Alemanha. Voam de noite para dentro das cabanas, ao redor das redes em que dorme a pessoa. Tanto que percebem que alguém dorme e os não inquieta, pousam-lhe nos pés e os sugam até se encherem, ou mordem-lhe a cabeça, e vão embora.

Enquanto estive entre os selvagens, sugaram-me muitas vezes os dedos dos pés. Ao acordar é que via então os dedos ensanguentados. Mas, aos selvagens, mordiam-lhes em geral a cabeça.

# XXXIV

## *Das abelhas do país*

Há três espécies de abelha no país. As primeiras são semelhantes às daqui. As segundas são pretas e do tamanho de moscas. As terceiras são pequenas, como mosquitos. Todas essas abelhas fabricam o mel no oco das árvores, e muitas vezes tirei mel com os selvagens de todas as três espécies. As pequenas têm, em geral, melhor mel do que as outras. Também não mordem como as abelhas daqui. Vi, muitas vezes, ao tirarem mel, os selvagens ficarem cheios de abelhas, e que a custo as tiravam à mão do corpo nu. Eu mesmo tirei mel, nu; mas da primeira vez fui coagido pela dor a meter-me na água e tirá-las ali para me livrar delas.

# XXXV

## *Dos pássaros do país*

Lá também há muitos pássaros singulares. Uma espécie chamada *Uwara Pirange*[151] tem seus pastos perto do mar e se aninha nas rochas, junto à terra. Tem o tamanho de uma galinha, bico comprido e pernas como as da garça, mas não tão compridas. As primeiras penas que saem nos filhotes são pardacentas e com elas voam um ano; mudam então essas penas, e todo o pássaro fica tão vermelho quanto possível, e assim persiste. As suas penas são muito estimadas pelos selvagens.

# XXXVI

### *Descrição de algumas árvores do país*

Há ali árvores a que os selvagens chamam *Junipappceywa*[152]. Essas árvores dão uma fruta semelhante à maçã. Os selvagens mastigam esta fruta, espremem o suco em uma vasilha e se pintam com ele. Quando o passam pela primeira vez na pele, é como a água; mas daí a pouco, fica-lhes a pele tão preta como tinta; isso dura até o nono dia, e só então é que se desmancha, e nunca antes deste tempo, por mais que se lave.

# XXXVII

### *Como crescem o algodão e a pimenta do Prasil, e também algumas outras raízes mais, que os selvagens plantam para comer*

O algodão dá em arbustos da altura de mais ou menos uma braça; tem muitas ramas e, quando floresce, dá botões, que, uma vez maduros, abrem-se e então se vê o algodão dentro dos casulos, ao redor de uns carocinhos pretos, que são as sementes, as mesmas que se plantam. Os arbustos estão cheios desses casulos.

A pimenta da terra é de duas qualidades, uma amarela e outra vermelha; mas ambas crescem da mesma maneira. Enquanto verdes, são como o fruto da roseira de espinhos; são pequenos arbustos mais ou menos de meia braça de alto e tem florinhas. Ficam muito carregados de pimentas, das que ardem na boca. Quando maduras, colhem-nas e secam-nas ao sol. Há também uma espécie de pimenta miúda, não muito diferente da já mencionada, e que secam do mesmo modo.

Há também umas raízes a que chamam *Jettiki*[153], que têm bom gosto. Quando plantam estas, cortam-nas em pedaços pequenos, e as enterram no chão, onde brotam e se estendem pela terra, como as ramas do lúpulo, enchendo-se de tubérculos.

# Discurso final

### *Ao leitor deseja Hans Staden a graça e a paz de Deus*

Bondoso leitor,

Propositalmente descrevi essa minha viagem e navegação com a maior brevidade, somente para contar como, pela primeira vez, caí no poder dos povos bárbaros. E para mostrar como, poderosamente e contra toda expectativa, o Salvador, nosso

Senhor e Deus, todo poderoso, ainda maravilhosamente protege e encaminha os seus fiéis entre os povos ímpios e pagãos, como Ele sempre tem feito. E também para que cada um seja grato a Deus e confie nele na desgraça, porque Ele mesmo diz: "Invoca-me no tempo da necessidade, para que eu te salve, e tu me louvarás etc."

Agora muitos poderão dizer que, se eu quisesse mandar imprimir tudo o que experimentei na minha vida e vi, teria de fazer um grande livro. É verdade; desse modo, eu também ainda teria muito o que descrever; mas, este não é o caso. Eu estou certo de que, o que me fez escrever este livrinho, já tenho suficientemente demonstrado, é que somos todos obrigados a louvar e agradecer a Deus, que nos preservou desde as primeiras horas do nascimento até a hora presente da nossa vida. Ainda mais: também posso pensar que o conteúdo deste livrinho pareça estranho a alguns. Quem tem culpa disso? Não sou o primeiro e não serei o último a ter conhecimento de tais navegações, terras e povos. E não haverão de rir daqueles a quem isso aconteceu nem daqueles a quem ainda pode acontecer.

Mas pretender que aquele que deseja se libertar da vida para a morte esteja no mesmo estado de espírito do que aquele que está longe e só vê ou ouve dizer, isto cada qual que julgue melhor por si.

E se todos os que navegam para a América tivessem de cair nas mãos de inimigos bárbaros, quem desejaria ir para lá?

Mas disto estou certo, que muita gente honesta em Castela, Portugal, França e alguns de Antdorff, em Brabant, que tenham estado na

América, haverão de testemunhar que tudo é como eu aqui descrevo.

Para aqueles, porém, que não conhecem estas coisas, chamo em primeiro lugar o testemunho de Deus.

A primeira viagem que fiz à América foi em um navio português, cujo capitão se chamava Pintyado e éramos três alemães a bordo. Um era de Bremen e se chamava Heinrich Brant; o segundo se chamava Hans von Bruchhausen, e eu.

Eu fiz a segunda viagem de Sevilha, na Espanha, para o Rio de Platta, província situada na América e assim chamada. O capitão dos navios se chamava Don Diego de Senabrie. Nenhum alemão havia nessa viagem. E depois de muitos labores, angústias e perigos, tanto no mar como em terra, durante dois anos, como já disse, naufragamos numa ilha chamada São Vincente, perto da terra firme no Prasil, habitada por portugueses. Aí encontrei um patrício, filho do bem-aventurado Eobani Hessi, que me recebeu bem. Lá havia mais um de nome Peter Rösel, que era *factor* de negociantes de Antdorff, chamados de Schetz[154]. Estes dois podem dar testemunho de como cheguei e como fui capturado por bárbaros inimigos.

Ainda mais: os marinheiros que me resgataram dos selvagens eram da Normandia, na França. O capitão do navio era de Wattauila e se chamava Wilhelm de Moner. O piloto se chamava Françoy de Schantz, e era de Harflor[155]. O intérprete era de Harflor e se chamava Perott. Esta gente honesta (Deus lhe pague na vida eterna) auxiliou-me, depois de Deus, para voltar à França. Arranjaram-me um passaporte, vestiram-me e me deram de comer. Estes podem dar testemunho onde me acharam.

Embarquei depois em Dippaw[156], na França, e fui para Lunden[157] na Inglaterra. Ali agentes de holandeses souberam do capitão tudo o que dizia respeito a mim. Convidaram-me para ser seu hóspede e me deram dinheiro para viagem. Depois naveguei para a Alemanha.

Em Antdorff, fui à casa de Von Oka ter com um negociante chamado Jaspar Schetzen, do qual é *factor* em São Vincente o supramencionado Peter Rösel. A ele dei-lhe a notícia de como os franceses atacaram o barquinho do seu *factor* no Rio de Jenero[158], mas que tinham sido repelidos. O mesmo negociante fez-me presente de dois ducados imperiais. Deus lhe pague por isso.

Se agora alguém houver que não fique contente com este escrito, e para que não continue a alimentar dúvida, peça o auxílio de Deus e empreenda a mesma viagem. Dei-lhe já bastante ensino. Siga as pegadas.

A quem Deus ajuda o mundo não está fechado.

Ao Deus todo poderoso, que todo está em tudo, sejam a honra, a glória e o louvor, de eternidade a eternidade. Amém.

# Notas

**1.** "A obra apareceu primeiramente em 1556 em Frankfort sobre o Menn, 'durch Weygandt Han'. Não há data no livro, mas o prefácio é de 1556 e é de supor que sendo já Frankfort grande centro bibliográfico, e outras edições futuras tendo saído dali, também o fosse esta. Como as provas foram revistas pelo Dr. Dryander de Marburgo (o livro tem ilustrações em madeira que mal podiam ter sido preparadas ali), é de crer que não se satisfazendo ele com as gravuras que, finas como eram, pouca ideia davam às aventuras de seu herói, procurasse fazer outra edição em Marburgo mesmo, e com gravuras mais verdadeiras, se bem que muito toscas. E assim o fez, em 1557" (RODRIGUES, J.C. *Bibliotheca brasiliense*. Rio, 1907, p. 590) [A.P.].

**2.** "...lastimo dizer que os números 5, 6 e 7 da bibliografia do Sr. Löfgren são mera fantasia" (RODRIGUES, J.C. *Bibliotheca brasiliense*. Rio, 1907, p. 590). · "Em 1595 apareceu a primeira versão holandesa (não mencionada por Brunet ou Graesse) e foi reproduzida (sem o prefácio) em 1627 e 1634 (Amsterdã...) nenhuma delas sendo acusada pelo Sr. Löfgren" (RODRIGUES, J.C. *Bibliotheca brasiliense*. Rio, 1907, p. 591) [A.P.].

**3.** *Tuppin Imba* é mais uma das muitas formas com que se nos depara o nome tupi do gentio brasílico, dominador na costa ao tempo da conquista. Entre os portugueses dessa época escrevia-se *Tupinambá*, nome que se vulgarizou. Entre os escritores franceses contemporâneos leem-se, porém, *Topinamboux*, *Tapinambós*, *Toupinambas* e até *Tououpinambaoult* escreveu João de Lery, grafia que, apesar de estranha, foi considerada por Ferdinand Denis como a mais próxima da verdade. De tão grande diversidade de forma resulta a tão controvertida interpretação do vocábulo que a ninguém satisfaz. *Tuppin* ou *Tupin* quer dizer *tio*, o irmão do pai; *imba* ou *imbá* = *abá*, homem, gente, geração. Também *Tu-upi*, significa o *pai primeiro*, o *progenitor*. *Tu-upi-abá*, a geração do progenitor.

**4.** Cf. a nota 2.

**5.** Quer dizer *estrelas escuras*, por uma espécie de trocadilho, só possível na língua alemã [N.T.].

**6.** Por esse tempo, ainda se não tinha identificado o inteiro continente da América. Os novos descobrimentos, isolados, ou destacados, consideravam-se *ilhas*. O Brasil de Hans Staden é ainda uma *ilha*.

**7.** Era costume, nessa época, levarem-se criminosos em degredo para as terras recém-descobertas, a fim de aprenderem a língua dos naturais e serem úteis depois ao comércio e à navegação.

**8.** É o *Cabo de Gela* na costa de Marrocos, onde está a cidade e praça de Arzila, cerca de trinta milhas distante de Tanger, e que esteve em poder dos portugueses até que Dom João III a abandonou.

**9.** São os *dourados*, nome de várias espécies de peixes *acanthopterygios*.

**10.** É o *peixe voador*, como facilmente se depreende da narrativa.

**11.** O nome atual *Pernambuco*, de procedência do tupi *Paranam-buca*, que aos ouvidos do narrador soou *Pranenbucke* (cf. *O tupi na geographia nacional*, de Theodoro Sampaio).

**12.** A colônia aí fundada pelos portugueses era a Vila de Olinda, a que o gentio começou a chamar *mairy*, que quer dizer *cidade* ou povoação, como a construíam os europeus. Daí a corruptela *Mary* ou *Marim*, como Staden no-la transmite.

**13.** É o nome estropiado do primeiro donatário da Capitania de Pernambuco. Staden, ignorando o português, teria escrito *Arto Koelio*, por Duarte Coelho. Os copistas fizeram o resto.

**14.** É *Igarassú* (*igara-assú*), canoa grande, barco, em vez de *Iguarassú*, como erroneamente hoje se escreve.

**15.** Eram africanos e índios escravos.

**16.** Eram os *Caetés*, moradores das matas, inimigos dos Potyguaras, aliados dos portugueses.

**17.** Adotaram os portugueses no Brasil o mesmo processo da defesa usado pelo gentio nas suas aldeias, construindo estacadas ou *caiçaras* em torno dos povoados mais expostos à injúria dos selvagens.

**18.** A ilha de Itamaracá, que o gentio da terra chamava *Ipāussu Itamaracá*, como Staden escreve no desenho junto, e se traduz *Ilha Grande de Itamaracá*, da Capitania de Pero Lopes de Souza. Na ilha estava a vila de Nossa Senhora da Conceição, cabeça da capitania, situada na parte meridional a cerca de meia légua acima da foz do rio Igarassu.

**19.** É o vocábulo *cipó*, do tupi *çāpó*, que vale dizer *corda-vara*; isto é, galho ou ramo em forma de corda. Os selvagens sabiam tirar partido dos *cipós* nas suas construções e no fabrico de utensílios domésticos.

**20.** Deve ser *Potiguares*, como diziam os portugueses, derivado de *Poti-guara*, papa camarões, apelido de uma nação dos tupis do Nordeste, inimiga dos Caetés. Outros autores escrevem *Petiguaras*, caso em que o vocábulo se deriva de *Pety-guara*, e então significa *mascador de fumo*, porque o selvagem deste nome, segundo A. Knivet, trazia habitualmente entre os lábios e os dentes uma folha de fumo, ou tabaco. O local, chamado pelo narrador porto dos *Buttugaris*, quarenta milhas germânicas para o norte de *Igaraçu*, deve ser o da Parahyba.

**21.** O porto e cidade de Santa Maria, na Espanha, fronteira com Cadix, pouco acima da foz do Guadalete.

**22.** A cidade de Sevilha na Andaluzia.

**23.** O Peru, descoberto em 1524 e conquistado por Pizarro.

**24.** O porto de San Lucar de Barrameda, na foz do Guadalquevir.

**25.** Hoje *Superaguy*, numa língua de terra à parte do norte da barra de Paranaguá.

**26.** A ilha de São Vicente fica, na verdade, mais distante do que nos diz o narrador, se as suas léguas forem de 20 graus. Destas contam-se 48 entre os dois pontos.

**27.** *Jurumirim*, nome dado pelos Carijós, habitantes da Ilha de Santa Catharina, à boca do norte do canal que separa esta ilha do continente. No tupi *jurú-mirim* se traduz *boca pequena*, barra. O navio de Senabria avistou primeiro e entrou a barra do sul do canal entre o continente e a ilha, onde ancorou. Navegou no canal como se fora um rio, cuja corrente subira em um bote, e já próximo da barra do norte é que se encontrou, no porto de *Jurumirim* dos Carijós, com o europeu que lhe acudira ao sinal.

**28.** A cidade de Assumpção, no Paraguay, então acessível pelos portos de Santa Catharina, desde a primeira viagem de D. Alvaro Nuñez Cabeza de Vaca, governador daquela terra.

**29.** João de Salazar, um dos companheiros de D. Pedro de Mendoza, na fundação da cidade de Buenos-Aires em 1534.

**30.** É do tupi *Aguti*, ou *Acoti*, que hoje se diz *Cutia*, nome do conhecido roedor (*Dasyprocta*). O nome *aguti* ou *a-cuti*, no tupi, quer dizer *aquele que come de pé*, de referência ao hábito do animal deste nome de tomar o alimento com as patas dianteiras, o que lhe dá, quando come, a atitude ereta.

**31.** A Província do Paraguay, cuja capital, Assumpção, era, então, o mais próspero estabelecimento dos espanhóis no Rio da Prata, depois do malogro de Mendoza em Buenos-Aires. O caminho por terra para Assumpção continuou praticado desde a viagem que por ele fizera D. Alvaro Nuñez Cabeza de Vaca em 1541.

**32.** *Urbioneme*, se procedente do tupi, como o diz Staden, deve ser mui provavelmente *Urpióneme*, que outros escrevem *Morpion*.

**33.** É vocábulo tupi que significa *porto*, lugar na extremidade sul do canal de Santa Catharina, onde ancorou a nau de Senabria. O forte de *Imbiassape* (*mbeaçã-pe*) deve ter sido alguma estacada para a defesa das palhoças em que, por dois anos, aí se abrigou a tripulação.

**34.** A Ilha dos *Alcatrazes*, a atual, fica fronteira quase à Ilha de São Vicente. O autor, porém, refere-se aqui a outra ilha muito mais ao sul, distante cerca de 40 milhas do porto de onde partira a nau, que ficava a 28º latitude sul e São Vicente lhe ficava a 70. Guardada a devida proporção para as milhas alemãs, essa Ilha dos Alcatrazes pode ser algum dos ilhéus na altura da Barra de Paranaguá.

**35.** É o porto de Cananéa em São Paulo, bastante conhecido desde os primeiros tempos do descobrimento. Staden escreve *Caninee*, o que combina quase com *Canené* da grafia de Frei Vicente do Salvador na sua *História do Brasil* de 1627, o que faz supor que esse nome era de primitiva procedência indígena; isto é, *Caninee*, *Canané*, equivalente a *Canindé*, nome de uma espécie de arara.

**36.** É a barra de *Itanhaem*, grafado o nome como soara aos ouvidos de narrador – *Itenge-Ehm* –, na costa a sudoeste de São Vicente, onde havia, já nesse tempo, um núcleo de colonos portugueses. O nome indígena procede de *itá nhaen*, que significa *bacia de pedra*; muito conforme com o aspecto da localidade que é deveras uma bacia rodeada de pedras, das quais na mais alta está a Igreja de N.S. da Conceição.

**37.** É o mesmo porto de *Imbiassape*, de onde saíra a nau de Senabria para São Vicente. A grafia do autor é muito incerta nos nomes bárbaros. *Byasape* aqui, *Inbiassape* no capítulo antecedente. No tupi, como vimos, *mbeaçá-pe*, de que mais comumente se fez *peaçá-pe*, e significa, literalmente, *no porto* ou *ao porto*.

**38.** *Orbióneme* ou *Urbioneme*, como no cap. XII.

**39.** *Ywawasupe* parece corresponder ao vocábulo tupi *Iguaguassupe* – isto é, *iguá-guassú-pe* –, que vale dizer: *no lagamar grande*, querendo se referir provavelmente ao canal ou braço grande onde se ergueu depois a cidade de Santos.

**40.** *Ingenio* por *Engenho*, fábrica de açúcar de propriedade do donatário que depois a arrendou a Jorge Erasmo Scheter, e se chamou, por isto, *Fazenda do Trato*, de São Jorge dos Erasmos.

**41.** O gentio *Tupiniquim* dominava, com efeito, nessa época, o litoral paulista na maior parte de sua extensão, partindo ao norte com os *Tupinambás* do Rio de Janeiro, e ao sul com os *Carijós*. Desconhecida era a extensão do seu domínio no sertão; o autor, porém, avalia isso em 80 léguas aproximadamente. Nesse âmbito se compreendiam os *Guayanazes*, quer os do campo, quer os do mato, os quais se ligavam por vezes aos Tupiniquins por laços consanguíneos, como nos transmite Anchieta. Os Guayanazes não eram, porém, tupis.

**42.** *Tawaijar*, significando *contrário* ou *inimigo*, se escreverá no tupi *Tobaiguara*, que vale dizer *fronteiro*, *oposto*, ou literalmente, *indivíduo em face*. *Tawaijar*, tomado como *Tabayar* ou *Tabayara*, quer dizer *senhor de aldeias*, *aldeões*, *moradores de aldeias*.

**43.** *Brickioka* é corruptela do nome tupi *Piraty-oca*, de onde procede o atual *Bertioga*, nome do canal que separa a Ilha de Santo Amaro do continente. O autor teria escrito *Britioka* e o copista *Brikioka*, o que deu azo a interpretações diversas. O canal é um excelente abrigo dos cardumes de tainhas (*piraty*), e o índio quis significar isso com o nome de *Piratyoca*, que vale dizer *paradeiro das tainhas*. O vocábulo tupi *piraty* evoluiu na dicção portuguesa para *paraty*, de onde vieram *party*, *barty*, *berty* ou *berti*, como ora se vê na composição do nome *Bertioga*.

**44.** Santo Amaro é o nome dado pelos portugueses à ilha, vizinha de São Vicente, a que o gentio chamava

*Guaybe* ou *Guaimbé*, e que foi o nome da capitania doada a Pero Lopes de Souza na zona do Sul.

**45.** *Abbati* ou *avaty* é o milho na língua do gentio tupi.

**46.** *Kaa wy* é o mesmo *cauim*, bebida preparada com o milho mastigado e fermentado.

**47.** *Bratti* é o mesmo *paraty* do gentio, que em português se chama *tainha*.

**48.** *Pirá-kuí* é o vocábulo tupi *pirá cuí*, que se traduz *farinha de peixe*, porque fabricada com o peixe seco e moqueado.

**49.** Leia-se *engenho*, fábrica de açúcar no Brasil.

**50.** É o nome estropeado do genovês *Giusseppe Doria*, de que entre os portugueses se fez *José Adorno*, homem empreendedor e tronco de família notável nos primeiros tempos da colônia.

**51.** *Perot*, ou antes *Peró*, é como o gentio se chamava em português, e em francês era chamado de *mair*. *Peró* querem alguns que seja uma corrupção do nome *Pedro*; querem outros, porém, que seja o mesmo vocábulo tupi *piro*, que vale dizer: *roupa de couro*, porque os portugueses se encouravam para as suas lutas no sertão.

**52.** *Kawewi pepicke* é frase tupi, o mesmo que *cauim pipig*, que quer dizer *cauim ferve*. O bárbaro quis dizer que mataria o prisioneiro com solenidade e o cauim havia de ferver.

**53.** *Uwara* é o vocábulo tupi *uará* ou *guará*, como o gentio chamava a ave de penas rosadas, a *Ibis rubra*.

**54.** Por engano, Löfgren traduziu "Rore" por "sarabatana", arma de arremesso de seta ervada, por um tubo, no qual se assoprava, desconhecida dos índios da costa. *Espingarda* é o que é, que estes selvagens possuíam por troca com os franceses. Uma gravura de Staden, na p. 63, mostra claramente. Esta advertência que nos fez o Sr. Prof. Roquette-Pinto, e que aceitamos, confirma-se pela nota que o Prof. Wegner pôs, nesta altura do texto fac-similar de Frankforte: "Rore" – espingarda em cuja posse, ao que parece, estavam os Tupis da costa, em diferentes casos isolados. A sarabatana não era usada pelos Tupis da costa do Brasil" [A.P.].

**55.** O narrador chama rei ao principal da tribo que o aprisionou. Entre os tupis, esse principal era o *morubichaba* ou *tuchaua*.

**56.** Por esta frase se vê que o narrador fora, com efeito, capturado em um ponto da Ilha de Santo Amaro, para o lado de dentro dos canais e lagamares, sendo então conduzido pelos índios através da Barra de Bertioga, passando em frente do forte e ao alcance de um tiro de falconete.

**57.** *Schere inbau ende* é frase tupi alterada e que corresponde a *che remimbab ndê*, cuja tradução ao pé da letra é *meu bicho de criação tu*; isto para significar ao prisioneiro que ele dali em diante era bicho de criação e lhes pertencia.

**58.** A frase tupi é a seguinte: "*Ne monghetá ndê Tupan quaabe amanaçú yandê eíma rana mocecy*", cuja tradução é: *Pede a teu Deus que aquela tempestade não nos faça mal.*

**59.** Corrigindo a frase tupi, diga-se: "*Oquara mõ amanaçú*", que quer dizer: *A tempestade recolhe-se.*

**60.** A grafia do nome Bertioga é vária nesta narração. *Brickioka*, *Brikioka* etc.

**61.** *Uwattibi*, ou melhor, *Ubatyba*, de que por corrupção se fez *Ubatuba*.

**62.** A frase tupi restaurada é: "*Ayú ichebe enê remiurama*", que se traduz como: *Cheguei eu, vosso regalo*; ou, em outros termos: *Aqui estou para vossa comida.*

**63.** *Ywara* deve ser grafia errônea, do tupi *Ywirá* ou *ybirá*, que significa *madeira, tranqueira, paus*; material com que o gentio construía a *caiçara*, ou estacada, em torno das suas aldeias.

**64.** A frase tupi deve se escrever: "*Che anama pipike aé*", e se traduz como *Meus parentes vingo em ti*; é como se dissessem ao prisioneiro: "Agora me pagarás os meus".

**65.** *Tammerka* – ou, antes, *itamaracá* – quer dizer *sino* ou *chocalho de ferro*. O narrador decerto confunde o *maracá* com *itamaracá*. Este não era objeto do culto do gentio, e sim aquele que era tido como sagrado e por isso o enfeitavam e guardavam em sítio reservado.

**66.** *Ieppipo Wasu* e *Alkindar Miri* são nomes um tanto alterados. *Ieppipo Wasu* pode ser uma leve alteração de *Ye-pípo-uaçû*, traduzindo-se: *esguicho grande*. *Alkindar Miri* parece uma alteração de *Aracundá Mirim*, papagaio de meneios pequeno.

**67.** *Ypperu Wasu* é o mesmo *Ipirú guassú* do tupi, e significa *tubarão grande*.

**68.** *Aprasse* é alteração do vocábulo tupi *Aporacé* ou simplesmente *poracé*, que quer dizer: *reunião para folguedo ou para dançar*.

**69.** *Uratinge Wasu* é alteração do *Uiratínga Uaçú*, que também se escreve *Guiratinga guaçú* e se traduz *a Garça grande*.

**70.** *Iwera Pemme* é do tupi *ibirá-pema*, que quer dizer *pau aplainado*, ou clava achatada, em forma de remo ou de espada. É o nome de um instrumento de guerra que o gentio chamava também *tangapema* ou, melhor, *tacapema*, para dizer *tacape chato*.

**71.** *Arasoya* é o vocábulo tupi *araçoyá*, ou *araçoyaba*, espécie de turbante feito de penas multicores. Era, em verdade, o chapéu do selvagem em ocasiões solenes.

**72.** *Karwattuware* é alteração do tupi *karauatauara* (*karauatá uara*) que quer dizer *comedor de gravatás*; isto é, apreciador dos frutos dessa bromeliácea.

**73.** *Sanctum precemur Spiritum / Vera beare nos fide / Ut nos in hac reservet / In fine nempe vitae / Hic commigramus doloribus soluti / Kyrie Eleison.*

**74.** *Arirab*, grafia errada de *Ariroba* ou *Ariró*, nome da aldeia de Cunhambebe, para os lados de Angra dos Reis. No Estado do Rio de Janeiro, há o rio *Ariró* e também uma serra com este mesmo nome por aqueles lados.

**75.** *Konyan-Bebe* é o mesmo *Cunhambebe*, chefe famoso dos Tamoyos, inimigo dos portugueses.

**76.** *Markaya* deve ser *Maracayá*, nome de uma tribo inimiga dos Tamoyos, vocábulo tupi com que se designa *o gato do mato*.

**77.** É o ornato de nefrite a que o gentio chamava *Tembetá* – isto é, *tembé-itá* –, que vale dizer: *pedra do beiço*.

**78.** No tupi, excremento: *tipoty* ou *repoty*. É, porém, de supor que o vocábulo *teuire* seja alteração de *tebira*, que significa *vil, corrupto, infame, ruim*. Possível é, também, que proceda de *teôuira*, que vale dizer: *o que é lançado ou tirado do corpo*.

**79.** Esse era o costume naqueles tempos em que o tráfico com o gentio era o único negócio possível nesta parte da América. Os navios dos contratadores do pau-brasil, como as simples naus de resgate, portuguesas ou estrangeiras, empregavam todos o mesmo processo.

**80.** *Kenrimakuí* é alteração de *Carimã-cuí*, que quer dizer *farinha de carimã*, ou *pó de carimã*.

**81.** *Scheraeire*, diga-se *che raíra*, que quer dizer *meu filho*.

**82.** A pimenta (*kiinha*), chamada *cumurí*, valia então como uma especiaria da terra. As penas do *guará*, da arara e as peles de tucano e felinos eram então muito procuradas. O *trouchement* francês adquiria esses artigos e esperava o barco que os vinha buscar e levar para a Europa.

**83.** *Mungu Wappe* e *Iterwenne* são de difícil identificação. O primeiro parece ser alteração de *Mongaguape*, e o segundo de *Iteruenne*, ou talvez *Iteronne*, mais aproximado de *Iteron*, que quer dizer *água em seio, enseada*. Aliás, na edição *Princeps* lê-se *Iterroenne*. Cf. nota 82.

**84.** *Tickquarippe* é do tupi *Tyquarype*, composto de *Tyquara-y-pe*, que se traduz como *na água do poço*.

**85.** A frase tupi é como se segue: *"Apomirim jurupary ybytu uaçú omô"*, que se traduz como *aquele diabinho é que trouxe o furacão*. O diabinho, para os bárbaros, era o livro que eles chamavam de *couro da trovoada*.

**86.** Esta referência do narrador explica bem uma frase originalíssima da colônia portuguesa de São Vicente nessa época. A cultura nas ilhas, já a esse tempo, fazia-se com caráter exclusivista. Plantava-se a cana para açúcar e aguardente e se descurava o mais, ou pelo menos; as terras ali não se prestavam suficientemente para as outras culturas de mantimento. Daí vinha que, não obstante o estado de guerra entre portugueses e tamoyos, o concurso destes não podia ser dispensado por aqueles. Armava-se bem um navio para poder afrontar a sanha do gentio adverso, entrava-lhe pelos portos, propondo-lhe negócios ou simples troca de produtos de que reciprocamente uns e outros careciam, e a vida na colônia se equilibrava.

**87.** Verifica-se por aqui que o nome *Iterwenne*, p. 99 é simples alteração de *Iteron*, ou *Iterô*, que, como já vimos, quer dizer *baía, enseada*.

**88.** Vê-se daí que o tráfico com o gentio se reduzia a bem pouco, além do pau-brasil; isto é, pimenta, macacos e papagaios. Os europeus traziam-lhe em troca instrumentos de ferro, pentes, guizos, anzóis, pano ordinário, espelhos.

**89.** Eram, na verdade, enormes as canoas dos Tamoyos feitas de um tronco inteiriço. A força da esquadra de guerra, como aqui se vê, era respeitável, subia a 684 homens, senão mais.

**90.** Difícil é aqui restaurar a grafia deste vocábulo. Admitindo-se que seja uma alteração de *çoópiracaen*, o sentido do vocábulo seria *peixe seco de sustento ou de mantimento*.

**91.** É o rio Parnhyba do Sul.

**92.** É *Maembipe*, que significa *no estreito*; mais como referência ao canal, que separa a ilha do continente, do que a esta.

**93.** *Parwaa* é certamente *Parauá*, que significa *papagaio*.

**94.** Daqui se depreende que os ídolos dos Tupinambás de Cunhambebe – aos quais, por mais de uma vez, Staden se refere –, eram os *maracás*, chocalhos feitos de uns cabaços contendo seixos ou sementes, o que o gentio costumava se ornar com as penas multicores de maior preço. Eles tinham esses *maracás* em cabana à parte, à guisa de santuário.

**95.** Ainda hoje essa montanha é chamada *Ocaruçú* – formando assinalado promontório, à parte de sudoeste da grande baía de Paraty. O nome tupi *Ocaruçú* quer dizer *terreiro* ou *praça grande*, e a aldeia de Cunhambebe ficava para o interior, no recôncavo dessa baía.

**96.** A frase tupi é enfática e está mal escrita. O narrador quis dizer *Youara ichê!*, que se traduz como *sou onça!*

**97.** *Tatamirí*, ou *Tatá-mirim*, que quer dizer *foguinho* ou *lumezinho*.

**98.** Por onde se vê que o comércio dos franceses com o gentio da costa do Brasil era então regular e frequente, e que, naqueles primeiros anos da conquista, a influência francesa entre os selvagens era incontestável.

**99.** *Tackawara sutibi* é aqui o mesmo que *Taquaruçutyba* e significa *sítio dos taquaruçús*.

**100.** *Abbati Bossange* é alteração do tupi *Abati-possanaga*, e quer dizer *caldo de milho* ou *remédio feito de milho*.

**101.** A baía do Rio de Janeiro, a esse tempo, estava virtualmente em poder dos franceses. No ano seguinte (1555) ao desta narração, Villegagnon fortificava-se num ilhéu dentro dessa formosa baía.

**102.** Frequentes eram então os naufrágios em águas do Brasil; este agora de que nos fala o narrador era já o sexto dos ocorridos para o sul do Cabo Frio, e mencionados pelo resignado prisioneiro dos Tamoyos.

**103.** *Sowarasu*, ou antes, *çoóguara-açú*, o *grande comedor da caça*, ou o *comilão*.

**104.** Os *Markayas*, ou melhor, os *Maracayás*, ao fundo da baía do Rio de Janeiro, eram vizinhos e inimigos dos *Tupinambás* (*Tuppin Inbas*) e não Tupinikins (*Tuppin Ikins*), como está na narração. No desenho (p. 136), porém, onde vêm figuradas as tribos do recôncavo dessa baía, a incorreção desaparece. Lá estão representadas as aldeias dos *Maracayás* e dos *Tuppin Inbas* como vizinhos, o que basta para desfazer o engano do narrador.

**105.** As ilhas de Cabo Verde, do nome do cabo que se acha na costa africana, habitada por mouros negros.

**106.** O narrador aqui se refere a *Guiné*.

**107.** O Trópico de Câncer.

**108.** Inúmeras eram as primitivas nações selvagens do Brasil e as suas línguas muito diferentes umas das outras. A mais espalhada era a língua *tupi*, falada no litoral.

**109.** Espécie de camisa sem mangas e sem talhe, verdadeiro saco com os furos precisos para passar a cabeça e os braços. Chamava-se *tipoy* no tupi, depois lusitanizado em *tipoia*.

**110.** Até a época do cativeiro de Hans Staden entre os Tupinambás, o nome *América* só era usado para designar a parte do continente que é hoje o Brasil.

**111.** É a Bahia de Todos os Santos, onde os portugueses, já em 1549, tinham edificado a cidade do Salvador para cabeça da sua colônia no Novo Mundo.

**112.** *Wayganna* – o narrador quer dizer *Guayanã*: nome de uma nação selvagem que habitava as matas da serra, entremetida entre Tamoyos ou Tupinambás, Tupinikins e Carijós. Anchieta assinala Guayanãs do mato e Guayanãs do campo; mas não os tem na conta de ferocidade em que os descreve aqui o narrador. O jesuíta e o autor do *Roteiro do Brasil* divergem de Hans Staden ao descreverem a índole e o caráter desses índios.

**113.** Esse grande rio *Paraeibe* é mui provavelmente o nosso *Parahyba*, cujas cabeceiras confrontam com o trecho do litoral ocupado pelos Tupinambás (*Tuppin Inba*), de que nos fala o narrador.

**114.** Aqui o narrador se refere ao gentio *Guaytacá*, que dominava o baixo Parahyba. O nome tupi é contração de *Goatacora*, que quer dizer *andejo, nômade, errante.*

**115.** *Karaya* é, decerto, *Carayá*, gentio do sertão e de raça não tupi, de que hoje só temos notícia no vale do Araguaya.

**116.** *Vrakueiba*, mui provavelmente do tupi *Bracuyba*; ou melhor, *ybyrá-acú-yba*, que se traduz como *árvore de madeira quente*; isto é, que dá fogo.

**117.** *Inni* é a rede de dormir, a maca.

**118.** *Ingange* é do tupi *inhang* ou *anhanga*, que outros escrevem *anhan*, e significa propriamente *o gênio ou espírito vagabundo, o ser errante.*

**119.** Esse modo de pescar do gentio ainda hoje é usado pela população do interior.

**120.** *Keinrima* é do tupi *carimã*, ainda hoje conhecido e empregado pelo vulgo para designar a massa da mandioca puba.

**121.** *Byyw* é do tupi *mbeyú*, que vale dizer o *enroscado*, o *enrolado*. Hoje, vulgarmente, *beijú*.

**122.** *V y than* – diga-se *uytã* –, que significa *farinha dura.*

**123.** *Yneppaun* é do tupi *nhaen-puna*, ou *yapuna*, que significa *forno*, ainda usado para cozer a farinha de mandioca.

**124.** São as nossas *cuias*, feitas dos cascos das cabaças ou cuités.

**125.** *Mockaein*, do tupi *mbocaen*, quer dizer *tostar, secar ao fogo.* Chamavam os selvagens *mocaen* ao aparelho feito de varas que servia de grelha. A carne assada no *mocaen* tomara-lhe assim o nome. Hoje é vulgar o nome *moquem* com o mesmo sentido.

**126.** *Meire Humane*, mui provavelmente *Maír Zumone*, nome de misteriosa personagem, que é tradição ter aparecido entre os selvagens e lhes serviu de legislador e mestre. O gentio do Brasil chamava-o *Sumé* ou *Zumé*. No Paraguay, *Pay Zomé.*

**127.** *Kanittare* é do tupi *acanitara*, ou *acangatara*, que quer dizer *ornato da cabeça.*

**128.** *Matte pue*, do tupi *Uatapú*, nome com que o gentio designava um búzio grande e de grande boca, que forrado pelo fundo dava para se tanger com ele e que soava muito mais do que uma buzina. Da casca desse búzio fabricava o selvagem um ornato em forma de meia-lua.

**129.** *Bogessy* é provavelmente do tupi *mbojacy*, que quer dizer *feito lua* ou à *imagem da lua*.

**130.** *Krimen*, *Hermittan*, *Koem* são três nomes de procedência tupi; mas alterados. É possível que se identifiquem respectivamente com *Kirimá*, *Eiramitã*, *Coema*, que se traduzem na mesma ordem: *Corajoso, Abelha menina, Manhã*.

**131.** *Paygi*, do tupi *payé* ou *pagé*, como o gentio chamava os seus feiticeiros ou adivinhos.

**132.** *Bittin* é do tupi *petym*, que quer dizer *tabaco, fumo*.

**133.** *Yga Ywera*, do tupi *Ygá-ybyrá*, que quer dizer *pau* ou *madeira de canoa*.

**134.** *Dete Immoraya shermiurama beiwoe*, frase que se restaura pela forma seguinte *ndê t'mbaeraba che remiá-rama mae amboe*, que se traduz literalmente como *a ti suceda, oh! comida minha, coisa má!* Apóstrofe com que se ameaça de fazer do inimigo a sua comida; isto é, de devorá-lo.

**135.** *De kange yuca cypota kurine*, que vale dizer: *ndê canga jucá c'ypotá curimé*, que se traduz como *tua cabeça cortar quero já!*

**136.** *Sche innam me pepicke keseagu*, que vale dizer, no tupi, *che y anama pepike ki chaicú* e se traduz ao pé da letra: *os meus parentes vingar aqui estou eu.*

**137.** *Yande soo sche mocken sera quora ossorime rire*, que vale dizer no tupi: *Rendê coó che mocaen será coaracy eyma riré*, e se traduz: *a tua carne moquearei decerto depois do sol posto.*

**138.** *Pratti* é o mesmo *Bratti*, como o escreveu o narrador anteriormente, nome do peixe a que o gentio chamara *Paraty*; isto é, a tainha.

**139.** *Pirakaen* é o tupi *pirá caen*, que significa *peixe seco*. Como a época da desova era também o tempo da pescaria e da seca do peixe, o narrador usa do termo *pirá caen* nos dois sentidos.

**140.** *Tiberaun*, do português *tubarão*, alterado; é o peixe a que chamam, no tupi, *Yperú*.

**141.** *Taygasu, Dattu*, do tupi *Taytitú, Tatú*, que hoje se chama vulgarmente *Caetetu* e *Tatu*.

**142.** *Key* é do tupi *Cay* ou *cahy*.

**143.** *Acka Key*, do tupi *aca cay*, ou *aca cahy*, que quer dizer *macaco de algazarra ou de bando*.

**144.** *Pricki*, do tupi *Buriki*, nome de uma espécie de macaco vermelho, de onde Frei Gaspar da Madre de Deus fez derivar a palavra *Bertioga*, que, para o autor de *Memórias para História da Capitania de São Vicente*, é uma corruptela de *Buriquioca*, refúgio de macacos.

**145.** *Dattú*, do tupi *Tatú*.

**146.** *Serwoy*, do tupi *Soriguê*, ou *çoó-r-iguê*, que quer dizer *animal de saco*, ou dotado de bolso. Em outros lugares diz-se *sarué*, *seruê*.

**147.** *Leopardo* – isto é, "*Leão pardo*", como diz o narrador – aqui não é nome dado pelo gentio, mas pelos portugueses. O nome tupi é *çoó-assú-arana*, ou mais contratamente *sussuara*, que vale dizer *tirando a veado;* nome dado à onça parda.

**148.** *Catiuare*, do tupi *capiuara*, hoje *capivara*, que significa *comedor de capim*, ou *herbívoro*.

**149.** Aqui o autor quer se referir aos saurios brasileiros; ao lagarto d'água chamava o gentio *yacaré*, e ao de terra, *teyú-assú*.

**150.** *Attun*, do tupi *tum* ou *tung*, "o bicho-de-pé", que também se diz *tumbyra*.

**151.** *Uwara Pirange* é do tupi *Uirá-piranga*; isto é: "o pássaro vermelho" (*Ibis rubra*).

**152.** *Junipappceywa*, do tupi *Genipapayba*, a árvore do genipapo.

**153.** *Jettiki*, do tupi *getica*, a nossa batata indígena.

**154.** Já nesse tempo o primeiro engenho de açúcar mandado construir pelo donatário de São Vicente – e que por essa razão, em alguns velhos documentos, era chamado de *Engenho do Senhor Governador* ou *fazenda do trato* – era propriedade da família de Jorge Erasmo Schetzen, que aí se fazia representar por um *feitor*. Desde então começou a denominar-se *Engenho dos Armadores* ou de *São Jorge dos Erasmos*.

**155.** *Harflor;* isto é, Honfleur.

**156.** Dieppe.

**157.** Londres.

**158.** Rio de Janeiro.

**Vozes de Bolso**

- *Assim falava Zaratustra* – Friedrich Nietzsche
- *O Príncipe* – Nicolau Maquiavel
- *Confissões* – Santo Agostinho
- *Brasil: nunca mais* – Mitra Arquidiocesana de São Paulo
- *A arte da guerra* – Sun Tzu
- *O conceito de angústia* – Søren Aabye Kierkegaard
- *Manifesto do Partido Comunista* – Friedrich Engels e Karl Marx
- *Imitação de Cristo* – Tomás de Kempis
- *O homem à procura de si mesmo* – Rollo May
- *O existencialismo é um humanismo* – Jean-Paul Sartre
- *Além do bem e do mal* – Friedrich Nietzsche
- *O abolicionismo* – Joaquim Nabuco
- *Filoteia* – São Francisco de Sales
- *Jesus Cristo Libertador* – Leonardo Boff
- *A Cidade de Deus – Parte I* – Santo Agostinho
- *A Cidade de Deus – Parte II* – Santo Agostinho
- *O conceito de ironia constantemente referido a Sócrates* –
  Søren Aabye Kierkegaard
- *Tratado sobre a clemência* – Sêneca
- *O ente e a essência* – Santo Tomás de Aquino
- *Sobre a potencialidade da alma* – De quantitate animae –
  Santo Agostinho
- *Sobre a vida feliz* – Santo Agostinho
- *Contra os acadêmicos* – Santo Agostinho
- *A Cidade do Sol* – Tommaso Campanella
- *Crepúsculo dos ídolos ou Como se filosofa com o martelo* –
  Friedrich Nietzsche
- *A essência da filosofia* – Wilhelm Dilthey
- *Elogio da loucura* – Erasmo de Roterdã
- *Utopia* – Thomas Morus
- *Do contrato social* – Jean-Jacques Rousseau
- *Discurso sobre a economia política* – Jean-Jacques Rousseau
- *Vontade de potência* – Friedrich Nietzsche
- *A genealogia da moral* – Friedrich Nietzsche
- *O banquete* – Platão
- *Os pensadores originários* – Anaximandro, Parmênides, Heráclito
- *A arte de ter razão* – Arthur Schopenhauer
- *Discurso sobre o método* – René Descartes
- *Que é isto – A filosofia?* – Martin Heidegger
- *Identidade e diferença* – Martin Heidegger
- *Sobre a mentira* – Santo Agostinho
- *Da arte da guerra* – Nicolau Maquiavel
- *Os direitos do homem* – Thomas Paine
- *Sobre a liberdade* – John Stuart Mill

- *Defensor menor* – Marsílio de Pádua
- *Tratado sobre o regime e o governo da cidade de Florença* – J. Savonarola
- *Primeiros princípios metafísicos da Doutrina do Direito* – Immanuel Kant
- *Carta sobre a tolerância* – John Locke
- *A desobediência civil* – Henry David Thoureau
- *A ideologia alemã* – Karl Marx e Friedrich Engels
- *O conspirador* – Nicolau Maquiavel
- *Discurso de metafísica* – Gottfried Wilhelm Leibniz
- *Segundo tratado sobre o governo civil e outros escritos* – John Locke
- *Miséria da filosofia* – Karl Marx
- *Escritos seletos* – Martinho Lutero
- *Escritos seletos* – João Calvino
- *Que é a literatura?* – Jean-Paul Sartre
- *Dos delitos e das penas* – Cesare Beccaria
- *O anticristo* – Friedrich Nietzsche
- *À paz perpétua* – Immanuel Kant
- *A ética protestante e o espírito do capitalismo* – Max Weber
- *Apologia de Sócrates* – Platão
- *Da república* – Cícero
- *O socialismo humanista* – Che Guevara
- *Da alma* – Aristóteles
- *Heróis e maravilhas* – Jacques Le Goff
- *Breve tratado sobre Deus, o ser humano e sua felicidade* – Baruch de Espinosa
- *Sobre a brevidade da vida & Sobre o ócio* – Sêneca
- *A sujeição das mulheres* – John Stuart Mill
- *Viagem ao Brasil* – Hans Staden
- *Sobre a prudência* – Santo Tomás de Aquino
- *Discurso sobre a origem e os fundamentos da desigualdade entre os homens* – Jean-Jacques Rousseau
- *Cândido, ou o otimismo* – Voltaire

### CATEQUÉTICO PASTORAL

Catequese – Pastoral
Ensino religioso

### CULTURAL

Administração – Antropologia – Biografias
Comunicação – Dinâmicas e Jogos
Ecologia e Meio Ambiente – Educação e Pedagogia
Filosofia – História – Letras e Literatura
Obras de referência – Política – Psicologia
Saúde e Nutrição – Serviço Social e Trabalho
Sociologia

### TEOLÓGICO ESPIRITUAL

Biografias – Devocionários – Espiritualidade e Mística
Espiritualidade Mariana – Franciscanismo
Autoconhecimento – Liturgia – Obras de referência
Sagrada Escritura e Livros Apócrifos – Teologia

### REVISTAS

Concilium – Estudos Bíblicos
Grande Sinal – REB

### PRODUTOS SAZONAIS

Folhinha do Sagrado Coração de Jesus
Calendário de mesa do Sagrado Coração de Jesus
Almanaque Santo Antônio – Agendinha
Diário Vozes – Meditações para o dia a dia
Encontro diário com Deus
Guia Litúrgico

### VOZES NOBILIS

Uma linha editorial especial, com importantes autores, alto valor agregado e qualidade superior.

### VOZES DE BOLSO

Obras clássicas de Ciências Humanas em formato de bolso.

CADASTRE-SE
www.vozes.com.br

**EDITORA VOZES LTDA.**
**Rua Frei Luís, 100 – Centro – Cep 25689-900 – Petrópolis, RJ**
**Tel.: (24) 2233-9000 – Fax: (24) 2231-4676 – E-mail: vendas@vozes.com.br**

UNIDADES NO BRASIL: Belo Horizonte, MG – Brasília, DF – Campinas, SP – Cuiabá, MT
Curitiba, PR – Fortaleza, CE – Juiz de Fora, MG – Petrópolis, RJ – Recife, PE – São Paulo, SP